엑스포지멘터리 성경공부 시리즈

창세기(Ⅰ)

창세기 1-11장

JN428308

엑스포지멘터리 성경공부 시리즈

창세기(Ⅰ)

창세기 1–11장

| 송병현 · 임우민 지음 |

EM Exposi Mentary

차례

창세기 서론

창세기는 여호와 하나님이 세상을 창조하신 일을 회고하고 있다. 그러나 50장으로 구성된 창세기에서 창조에 관한 이야기는 6%에 불과하며 대부분은 이스라엘 민족의 첫 4대의 조상 이야기이다. 그러므로 창세기는 '이스라엘 선조들의 책'이기도 하다. 창세기의 중심 주제는 '역사 속의 하나님 사역'으로 하나님의 사역은 천지창조부터 이스라엘 선조의 이야기가 시작되는 12장 이후에 더 본격적으로 인류 역사에 개입하신다.

1. 창세기와 다른 책들과의 관계

창세기는 가까이는 네 권의 모세오경의 책들과 멀리는 신약의 책들과도 밀접한 관계를 지니고 있다.

- 오경의 다른 책들과의 관계에서 율법을 기대하면서 쓰여졌다. 하나님이 아브라함에게 그의 후손이 이집트에서 400년의 종살이 후에 많은 재산을 가지고 나올 것을 말씀하셨다(창 15:13). 이 말씀은 출애굽기에서 유월절을 통해 이루어졌다(출 12-14장). 요셉은 죽으면서 이스라엘 자손들이 이집트를 출발할 때 꼭 자신의 뼈를 함께 가져갈 것을 부탁했다(창 50:24-25). 모세는 요셉의 유언대로 그의 뼈를 안고 출애굽 여정을 시작했다(출 13:19). 아브라함과 야곱은 십일조를 바쳤다(창 14:20; 28:22). 시내 산에서 십일조에 관한 율법이 정해졌다(레 27:30-33; 신 14장). 노아는 방주에 들어갈 때 '정결한 짐승'과 '부정한 것'을 구분했다(창 7:2). 정결한 짐승과 부정한 짐승의 구분은 시내 산 율법을 통해 구체화된다(레 11장).

• 신약과의 연관성으로는 "여자의 후손은 네 머리를 상하게 할 것이요 너는 그의 발꿈치를 상하게 할 것이니라"(창 3:15)라는 원시복음을 성경에 기록된 십자가 사건에 대한 최초 예언으로 간주했다. "지극히 높으신 하나님의 제사장" 멜기세덱은(창 14:18-20) 히브리서에서 예수님의 모형, 예표로 간주한다(히 5-7장).
노아 시대 홍수심판 이후 하나님은 세상을 물로 심판하는 일이 없을 것이라고 무지개를 증표로 주셨다(창 9장). 요한과 베드로는 이 사실을 연계해서 그들의 저서에서 인류의 최후가 불의 심판을 통해 올 것을 예언하고 있다(벧후 3:5-12; 계 8:7-9).

2. 책의 저자, 연대

1) 저자

전통적으로 창세기를 포함한 성경의 처음 다섯 권은 모세가 쓴 것으로 간주되어 '모세오경'이라 부른다. 그러나 모세의 죽음과 모세가 자신을 3인칭으로 표현한 부분 등으로 모세의 저작설을 부인하는 학자도 있다. 필자의 생각은 오경의 기본적인 것은 모세가 주전 15세기경에 모두 문서로 남겼고, 훗날 누군가 과거를 잘 모르는 사람을 위해 옛날 이름 등을 최근 이름으로 대체해 기록하고, 보충 설명이 필요한 모세의 죽음 같은 경우 자신의 설명을 삽입한 것으로 보인다. 창세기를 최종적으로 작업한 사람은 에스라로 추정되며, 그가 바빌론 포로기 이후 시대를 살아가는 이스라엘 사람을 위해 주전 5세기경에 오경을 개정한 것으로 보인다. 에스라는 하나님 말씀인 정경의 일부(역대기, 에스라, 느헤미야)를 집필할 수 있는 영감을 지닌 사람이므로 성경 영감설과도 전혀 상충되지 않는다.

2) 저작 연대

모세오경의 원저자 모세는 언제 이 책을 집필한 것일까? 모세가 창세기를 포함한 오경을 저작한 시기를 가늠하는 일은 출애굽 시대를 언제로 보느냐와 깊은 관계가 있다. 일부 학자들은 이스라엘이 이집트에서 출발한 때를 주전 1450년경으로 추정한다. 성경이 이스라엘 역사를 논하면서 곳곳에서 언급하는 여러 연대를 고려할 때 가장 잘 어울린다고 한다. 반면에 주전 1250년경으로 주장하는 학자들도 있다. 이 주장은 고고학적인 증거가 뒷받침되며, 여리고성 함락이 이때쯤이라는 것이 이들 증거의 주요 부분이다. 필자는 주전 1450년경으로 추정한다. 이유는 출애굽을 주전 1250년경으로 추정하면 여호수아가 죽은 후 사울이 왕으로 즉위할 때까지 고작 150년밖에 되지 않아, 사사 시대가 짧아진다.

3. 신학과 메시지

1) 지속되는 하나님의 창조와 재창조 사역

창세기는 끊임없는 하나님의 창조 사역을 묘사하고 있다. 하나님이 세상을 창조하셨고, 그 세상을 유지하고 운영하는 청지기로 최초의 인간을 임명하시고 생육하고 번성의 축복을 내리셨다(창 1:16-28). 인간의 범죄로 인한 홍수가 끝난 후 하나님은 아담에게 주셨던 생육과 번성의 축복을 노아에게 다시 주셨다(창 9:7). 12장에 들어서면서 아브라함을 통해 하나님의 창조 사역은 계속 이어진다. 이처럼 창세기는 끊임없는 하나님의 창조역사를 회고하고 있다. 이 창조 사역은 오늘날에도 계속된다.

2) 하나님의 주권

하나님은 천지만물을 창조하신 후 세상을 내버려두거나 방치하지 않으셨다. 필요에 따라서 인류의 역사와 개인의 삶에 직접 개입하고 간섭하셨다.

① 장자보다 동생을 통해 하나님의 사역이 진행된다. 고대 근동 정서에 의하면 동생이 형을 제치고 부모의 축복 혹은 상속권을 차지하는 것은 비정상적인 일이다. 그런데 하나님은 고대 근동의 정서와 관례를 초월해 이스마엘이 아닌 이삭을, 에서가 아닌 야곱을, 르우벤이 아닌 유다와 요셉을 선별하여 자신의 역사를 펼쳐 나가는 도구로 사용하셨다.

② 선조들이 당면한 위기가 반전된다. 야곱이 라반에게 착취당한 노동의 대가를 받도록 만드신다(창 30장). 형제들은 요셉을 노예로 팔지만 훗날 요셉은 하나님이 야곱의 자손을 살리기 위해 그를 이집트로 먼저 보내신 것이라고 회고하고 있다(창 45:5). 이처럼 창세기는 인간의 음모와 죄가 결코 하나님의 계획과 섭리가 진행되는 것을 방해할 수 없음을 역설하고 있다.

③ 독특한 숫자의 사용이다. 야곱은 14년간 라반의 집에서 종살이한다(창 31:41). 요셉은 종살이와 감옥살이를 14년간 한다(창 41:46). 아브라함은 75세에 가나안으로 떠난다(창 12:4). 100세에 아들 이삭을 낳고 그후 75년을 더 산다. 창세기 저자는 숫자를 통해 우연한 일의 연속으로 엮어진 것이 아니라 하나님의 철저한 섭리 속에 조화를 이루며 진행되도록 계획된 것을 역설하고 있다.

3) 소명

창세기는 '부르심의 책'이다. 아담과 하와를 부르셔서 온 땅을 정복하고 다스리라는 축복을 주셨다. 노아를 부르셔서 온 세상을 멸망에 이르게 하는 심판 속에서 살 길을 주셨다. 아브라함을 부르셔서 온 세상의 복의 근원이 되고 크고 많은 자손의 선조가 되는 축복을 주셨다. 야곱을 부르셔서 항상 그와 함께하며 보호하시리라는 약속을 주셨다. 요셉을 부르셔서 모든 형제, 심지어 그의 부모가 그에게 절하게 되리라는 약속을 하셨다. 하나님의 소명의 대상에게는 약속과 축복을 주신다.

4) 언약의 주권적 이행

창세기의 특징은 하나님이 끊임없이 사람과 언약을 맺으신다는 것이다. 아담, 노아, 아브라함 등과 언약을 맺으셨고, 이스라엘의 선조인 이삭, 야곱 등에게 언약을 재확인해 주셨다. 창세기 저자는 인간에게 은혜로운 약속을 주시는 분이 하나님이시며, 그 약속이 실현되도록 철저하게 지켜 주시는 분도 하나님이라는 것을 강조한다. 인간은 주님께 받은 축복도 자신의 것으로 지켜낼 능력을 가지지 못했기에 하나님의 절대적인 주권과 능력만이 그가 받은 축복을 누리는 복된 삶을 가능하게 한다.

4. 구조

Ⅰ. 인류 역사의 시작(1–11장)

- A. 천지창조(1–2장)
- B. 인간 타락(3–11장)
    1. 원인(3장)
    2. 결과(4–11장)

Ⅱ. 선조들의 이야기(12–50장)

- A. 아브라함 이야기(12–25장)
- B. 야곱 이야기(26–36장)
- C. 요셉 이야기(37–50장)

제1주 창조 교향곡

창세기 1:1–23

복습

1 창세기에 나오는 메시지 중 가장 기억에 남는 것은 무엇인가?

....

....

....

창세기 1:1–23

1:1태초에 하나님이 천지를 창조하시니라 2땅이 혼돈하고 공허하며 흑암이 깊음 위에
있고 하나님의 영은 수면 위에 운행하시니라 3하나님이 이르시되 빛이 있으라 하시
니 빛이 있었고 4빛이 하나님이 보시기에 좋았더라 하나님이 빛과 어둠을 나누사 5하
나님이 빛을 낮이라 부르시고 어둠을 밤이라 부르시니라 저녁이 되고 아침이 되니 이
는 첫째 날이니라 6하나님이 이르시되 물 가운데에 궁창이 있어 물과 물로 나뉘라 하
시고 7하나님이 궁창을 만드사 궁창 아래의 물과 궁창 위의 물로 나뉘게 하시니 그대
로 되니라 8하나님이 궁창을 하늘이라 부르시니라 저녁이 되고 아침이 되니 이는 둘
째 날이니라 9하나님이 이르시되 천하의 물이 한 곳으로 모이고 뭍이 드러나라 하시
니 그대로 되니라 10하나님이 뭍을 땅이라 부르시고 모인 물을 바다라 부르시니 하나
님이 보시기에 좋았더라 11하나님이 이르시되 땅은 풀과 씨 맺는 채소와 각기 종류대
로 씨 가진 열매 맺는 나무를 내라 하시니 그대로 되어 12땅이 풀과 각기 종류대로 씨
맺는 채소와 각기 종류대로 씨 가진 열매 맺는 나무를 내니 하나님이 보시기에 좋았더

라 13저녁이 되고 아침이 되니 이는 셋째 날이니라 14하나님이 이르시되 하늘의 궁창
에 광명체들이 있어 낮과 밤을 나뉘게 하고 그것들로 징조와 계절과 날과 해를 이루
게 하라 15또 광명체들이 하늘의 궁창에 있어 땅을 비추라 하시니 그대로 되니라 16하
나님이 두 큰 광명체를 만드사 큰 광명체로 낮을 주관하게 하시고 작은 광명체로 밤
을 주관하게 하시며 또 별들을 만드시고 17하나님이 그것들을 하늘의 궁창에 두어 땅
을 비추게 하시며 18낮과 밤을 주관하게 하시고 빛과 어둠을 나뉘게 하시니 하나님이
보시기에 좋았더라 19저녁이 되고 아침이 되니 이는 넷째 날이니라 20하나님이 이르시
되 물들은 생물을 번성하게 하라 땅 위 하늘의 궁창에는 새가 날으라 하시고 21하나님
이 큰 바다 짐승들과 물에서 번성하여 움직이는 모든 생물을 그 종류대로, 날개 있는
모든 새를 그 종류대로 창조하시니 하나님이 보시기에 좋았더라 22하나님이 그들에게
복을 주시며 이르시되 생육하고 번성하여 여러 바닷물에 충만하라 새들도 땅에 번성
하라 하시니라 23저녁이 되고 아침이 되니 이는 다섯째 날이니라

말씀 돋보기(관찰)

1 성경의 첫 번째 책, 첫 번째 말씀 창세기 1:1은 하나님이 계시다는 것을 설명하고 입증하는 것이 아니라, 하나님이 계신다는 것을 전제하고 시작한다. 그러므로 창세기를 공부하는데 필요한 마음자세는 창조주 하나님에 대한 믿음과 고백이다. 그렇다면 창조의 진정한 주인공은 누구여야 하는가?(창 1:1)

....

....

Tip

창조 이야기의 주인공을 피조물로 생각하거나 인간에 초점을 맞추는 경우가 있다. 또는 하나님은 제외되고 피조물이 언제 창조되었느냐가 중요한 화두가 되고 있는 것이 교회의 현실이다. 그러나 창조 이야기의 진정한 주인공은 바로 하나님이시다.

2 혼돈과 공허는 하나님의 창조 사역 중 나누고 구분하는 사역과 채우고 생명으로 가득하게 하는 사역에 연관되어 있다. 그러면 창조의 6일 사역은 어떻게 나눌 수 있는가?(창 1:3-23)

Tip

〈창조의 패턴〉

날	혼돈	날	공허
1	빛	4	광명들
2	물 하늘	5	물고기 새들
3	땅 채소, 식물	6	짐승들 인간

3 하나님이 세상의 만물을 창조하실 때 분명한 순서로 창조하셨다. 하나님의 창조 사역은 매일 "하나님이 이르시되"의 '선언', "-되라"는 '명령', "-되니라"는 '성취', '평가'와 '시간의 흐름'을 반복적으로 사용하여 리듬과 조화를 이루고 있다. 하나님의 피조물을 향한 평가는 무엇인가?(창 1:4, 10, 12, 18, 21)

Tip

〈창조의 리듬〉

순서	사건
선언	"하나님이 이르시되"(3, 6, 9, 11, 14, 20, 24)
명령	"-이 되라/있으라"(3, 6, 9, 1 1, 14, 20, 24)
완성	"-이 되니라/있으니라"(3, 6, 9, 11, 14, 20, 24, 30)
평가	"보시기에 좋았더라"(4, 10, 12,1 8, 21, 25, 31)
시간의 흐름	"저녁이 되고 아침이 되니"(5, 8, 13, 19, 23, 31)

4 넷째 날, 다섯째 날에 창조된 피조물은 각각 첫째 날, 둘째 날과 평행을 이루고 있다. 어떻게 구분되는가?

Tip

〈창조의 사이클〉

날	나누고	날	채우고
1	빛 빛과 어두움이 나누어짐	4	빛을 발하는 것들 해, 달, 별
2	궁창 물과 물을 나누심	5	궁창을 채우는 것들 공중의 새 물의 생물
3	마른 땅 나무와 채소 물과 육지를 나누심	6	마른 땅을 채우는 것들 땅의 짐승 인간
7	안식일		

5 하나님은 자신이 창조한 피조물의 아름다움과 완성도에 만족하여 "보시기에 좋았더라"고 평가하신다. 그런데 이 말씀이 빠져있는 날이 있다. 어느 날인가? 그리고 그 이유는 무엇이라고 생각하는가?

Tip

둘째 날 하나님은 하늘의 물과 땅의 물을 나누신다. 이것은 하늘에서 내리는 비와 그것이 세상에 고여서 이루는 강과 바다를 구분한다는 의미이다. 비는 열매와 채소를 생산하는 땅이 존재해야 그 기능을 발휘할 수 있다. 비가 제 기능을 하지 못하는 상황은 하나님이 보시기에 좋은 일이 아니었다. 그러므로 셋째 날 비가 기능을 발휘할 수 있는 땅이 창조되고 나서 "보시기에 좋았더라"는 말씀이 두 차례 사용된다.

삶의 내비게이션(적용)

1 당신은 창세기를 읽을 때 어떤 마음자세로 읽었는가?

관찰문제 1번 참고.

2 하나님은 천지를 창조하실 때 혼돈과 공허의 문제를 해결하셨다. 당신의 삶에서 혼돈과 공허를 경험한 적이 있는가?

관찰문제 2번 참고.

3 하나님의 창조 사역을 살펴보면 첫째 날–넷째 날, 둘째 날–다섯째 날, 셋째 날–여섯째 날이 서로 리듬과 하모니 그리고 균형을 이루고 있다. 당신의 삶은 영적, 육체적 또는 정신적, 사회적인 면에서 균형과 조화를 이루고 있는가?

관찰문제 3번 참고.

생활의 아로마(실천)

제2주 창조의 절정

창세기 1:24–2:3

복습

1 창조의 진정한 주인공은 누구인가?(창 1:1)

2 하나님의 창조 사역은 리듬과 하모니가 조화를 이루고 있다. 다음의 표를 채우시오(창 1:3–23).

날	혼돈	날	공허
1	빛	4	
2		5	물고기 새들
3	땅 채소, 식물	6	

창세기 1:24–2:3

1:24 하나님이 이르시되 땅은 생물을 그 종류대로 내되 가축과 기는 것과 땅의 짐승을
종류대로 내라 하시니 그대로 되니라 25 하나님이 땅의 짐승을 그 종류대로, 가축을 그
종류대로, 땅에 기는 모든 것을 그 종류대로 만드시니 하나님이 보시기에 좋았더라

26하나님이 이르시되 우리의 형상을 따라 우리의 모양대로 우리가 사람을 만들고 그
들로 바다의 물고기와 하늘의 새와 가축과 온 땅과 땅에 기는 모든 것을 다스리게 하
자 하시고 27하나님이 자기 형상 곧 하나님의 형상대로 사람을 창조하시되 남자와 여
자를 창조하시고 28하나님이 그들에게 복을 주시며 하나님이 그들에게 이르시되 생육
하고 번성하여 땅에 충만하라, 땅을 정복하라, 바다의 물고기와 하늘의 새와 땅에 움
직이는 모든 생물을 다스리라 하시니라 29하나님이 이르시되 내가 온 지면의 씨 맺는
모든 채소와 씨 가진 열매 맺는 모든 나무를 너희에게 주노니 너희의 먹을 거리가 되
리라 30또 땅의 모든 짐승과 하늘의 모든 새와 생명이 있어 땅에 기는 모든 것에게는
내가 모든 푸른 풀을 먹을 거리로 주노라 하시니 그대로 되니라 31하나님이 지으신 그
모든 것을 보시니 보시기에 심히 좋았더라 저녁이 되고 아침이 되니 이는 여섯째 날이
니라 2:1천지와 만물이 다 이루어지니라 2하나님이 그가 하시던 일을 일곱째 날에 마치
시니 그가 하시던 모든 일을 그치고 일곱째 날에 안식하시니라 3하나님이 그 일곱째
날을 복되게 하사 거룩하게 하셨으니 이는 하나님이 그 창조하시며 만드시던 모든 일
을 마치시고 그 날에 안식하셨음이니라

말씀 돋보기(관찰)

1 여섯째 날은 셋째 날과 평행을 이루고 있다. 셋째 날 하나님이 바다와 땅을 나누시고 땅에서 식물과 과실나무들을 창조하셨다. 하나님이 여섯째 날 창조하신 것은 무엇인가? 또 그것은 셋째 날과 어떻게 평행을 이루고 있는가?(창 1:24-27)

....

....

Tip 셋째 날에 창조된 채소와 과실나무는 여섯째 날 창조된 짐승과 사람에게 양식으로 주어진다. 또한 셋째 날과 여섯째 날은 다른 날과 달리 두 가지 사역을 하신 공통점이 있다.

〈사역의 공통점〉

날	창조물	날	창조물
3	땅 채소, 식물	6	짐승들 인간

2 하나님은 가축과 기는 것과 땅의 짐승을 '종류대로' 창조하셨다. 그러나 인간에게는 '종류대로'라는 표현을 사용하지 않으신다. 하나님이 인간을 만드실 때 어떻게 만드셨는가? 또한 이것의 의미는 무엇인가?(창 1:26, 27)

Tip 하나님은 온 인류를 모두 하나님의 형상을 따라 하나님의 모양대로 창조하셨다. 하나님의 형상과 모양은 학자들 사이에 논란이 많지만 정확히 구분하기 어렵다. 그러므로 모양과 형상은 같은 의미로 이해하는 것이 바람직하며 하나님의 성품과 인격을 어느 정도 닮은 것을 의미한다.

3 6일 동안의 창조 사역에는 리듬과 하모니를 이루고 있다. 그러나 일곱째 날은 전혀 다르게 이야기를 진행하고 있다. 이것의 의미는 무엇인가? 하나님의 창조 사역의 최고 절정은 무엇인가?(창 2:2-3)

Tip 균형과 대칭을 이루고 있는 하나님의 창조 사역(A-B-C, A′-B′-C′)에서 문학적 구조에 대칭이 없는 부분(D)이 하이라이트다. 그러므로 창조 사역의 최고 절정은 일곱째 날이다.

〈창조의 패턴〉

A 첫째 날 B 둘째 날 C 셋째 날	A′ 넷째 날 B′ 다섯째 날 C′ 여섯째 날
D 일곱째 날	

4 6일 동안의 창조 사역을 마치신 하나님은 일곱째 날에 안식하셨다. 안식의 기본 의미는 쉬는 것보다 하던 일을 멈추는데 있다. 그러면 안식일을 어떻게 구분하셨으며, 안식일에 인간이 해야 하는 가장 중요한 일은 무엇인가?(창 2:3)

....

....

Tip 하나님은 일곱째 날을 축복하고 거룩하게 하셨다. '거룩하다'의 기본 의미는 '구분하다'로 성경에서 여기에 처음 사용되고 있다. 안식일은 다른 날과 달리 구별되며, 하나님이 거룩하게 하신 첫 번째의 것이다.
안식일은 거룩한 날이다. 하나님이 다른 날은 피조물을 창조하셨으나 이 날은 아무것도 창조하지 않으셨다. 이날은 하나님이 구분하신 날이며, 구별된 시간이다. 그러므로 인간은 일주일 동안의 삶을 창조주 하나님을 예배하는 일에 목표를 두고 살아야 한다.

5 안식일과 주일의 차이점은 무엇인가?

....

....

Tip 유태인은 오늘날에도 안식일(토요일)을 지킨다. 반면 기독교인은 주일(일요일)에 모여 예배를 드린다. 그 이유는 예수님을 믿지 않고 아직도 메시아를 기다리는 유태인에게 신약의 가르침은 의미가 없기 때문이다. 그러므로 그들은 율법이 제정한 안식일을 꼭 지켜야 한다. 반면에 신약을 통해 하나님의 계시가 완성되었다고 믿는 기독교인은 일요일을 주일(主日)

이라고 하여 구분하여 지킨다. 예수께서 십자가에서 돌아가신 후 주(週)의 첫째 날에 부활하셨기 때문이다(마 28:1; 막 16:2, 9). 초대교회 성도는 주님의 부활을 기념하기 위해 이날 종일 일하고 나서 저녁이면 모여 예배를 드렸다(행 20:7; cf. 고전 16:2). 더 나아가 요한계시록 1:10은 이날을 "주님의 날"이라고 부른다. 기독교가 안식일이 아니라 주일에 예배를 드리게 된 데는 역사적 배경이 있다. 지하교회로 로마 제국의 갖은 핍박을 견뎌내던 교회는 주후 325년에 지상교회가 되어 세상에 모습을 드러냈다. 로마의 황제가 된 콘스탄티누스 대제(大帝)가 기독교를 로마 제국의 국교로 제정하면서 안식일이 아니라 주일을 예배와 휴식의 날로 정한 것이다.

삶의 내비게이션(적용)

1 모든 사람은 하나님의 형상대로 창조되었다. 하나님이 짐승과 나무를 종류대로 창조하셨지만 인간은 오직 한 모양으로 만드셨다. 하나님이 남자와 여자로 만드셔서 성별의 차이는 있지만 차별하지는 않으셨다. 그러나 오늘날 사회에서 차별을 경험한다. 어떤 차별을 경험했는가?

관찰문제 2번 참고.

2 하나님이 창조하신 인간의 본질은 모두 같지만 역할에는 차이가 있을 수 있다. 당신의 가정, 교회, 사회에서의 역할에 있어 하나님 보시기에 좋은 부분은 어떤 것인가? 또는 그렇지 못한 부분은 무엇인가?

관찰문제 3번 참고.

3 많은 사람은 안식일을 휴식을 취하는 날로 생각한다. 안식일은 월요일에 시작되는 한 주의 노동을 위해 쉬는 것으로 이해한다. 그러나 안식일은 새로이 시작하는 한 주의 노동을 위해 휴식을 취하는 날이 아니다. 일하기 위해 안식하는 것이 아니라 안식하기 위해 일해야 한다는 시각의 전환이 필요하다. 당신은 안식일을 기대하면서 6일을 보내는가? 일하기 위해 안식일을 기다리는가?

관찰문제 5번 참고.

생활의 아로마(실천)

제3주 하나님의 걸작품

창세기 2:4–17

복습

1 여섯째 날 하나님이 하신 "보시기에 심히 좋았다"는 평가는 어떤 의미인가?(창 1: 25, 31)

....

....

....

2 하나님의 창조 사역의 최고 절정은 무엇인가?(창 2:2–3)

....

....

창세기 2:4–17

2:4이것이 천지가 창조될 때에 하늘과 땅의 내력이니 여호와 하나님이 땅과 하늘을 만
드시던 날에 5여호와 하나님이 땅에 비를 내리지 아니하셨고 땅을 갈 사람도 없었으
므로 들에는 초목이 아직 없었고 밭에는 채소가 나지 아니하였으며 6안개만 땅에서
올라와 온 지면을 적셨더라 7여호와 하나님이 땅의 흙으로 사람을 지으시고 생기를 그
코에 불어넣으시니 사람이 생령이 되니라 8여호와 하나님이 동방의 에덴에 동산을 창
설하시고 그 지으신 사람을 거기 두시니라 9여호와 하나님이 그 땅에서 보기에 아름
답고 먹기에 좋은 나무가 나게 하시니 동산 가운데에는 생명 나무와 선악을 알게 하는

나무도 있더라 10강이 에덴에서 흘러 나와 동산을 적시고 거기서부터 갈라져 네 근원
이 되었으니 11첫째의 이름은 비손이라 금이 있는 하윌라 온 땅을 둘렀으며 12그 땅의
금은 순금이요 그 곳에는 베델리엄과 호마노도 있으며 13둘째 강의 이름은 기혼이라
구스 온 땅을 둘렀고 14셋째 강의 이름은 힛데겔이라 앗수르 동쪽으로 흘렀으며 넷째
강은 유브라데더라 15여호와 하나님이 그 사람을 이끌어 에덴 동산에 두어 그것을 경
작하며 지키게 하시고 16여호와 하나님이 그 사람에게 명하여 이르시되 동산 각종 나
무의 열매는 네가 임의로 먹되 17선악을 알게 하는 나무의 열매는 먹지 말라 네가 먹
는 날에는 반드시 죽으리라 하시니라

말씀 돋보기(관찰)

1 창세기 1장에서 천지창조 이야기가 마무리되는데, 2장에서 다시 창조 이야기를 시작하고 있다. 이것은 1장에 대한 보충 설명으로 볼 수 있으며, 특히 온 세상의 창조가 아니라 특별한 하루를 집중적으로 회고하고 있다. 어느 날인가?

Tip

창세기 2장은 1:26-29의 일에 대해 보충 설명하고 있다. 하나님은 1:26-29에서 남자와 여자를 창조하시고 앞날을 축복하셨다. 그러나 1장은 인간이 어떤 과정을 통해 창조되었는지, 하나님의 모양과 형상대로 만들어졌다는 것은 무슨 뜻인지, 땅을 정복한다는 것은 무엇을 의미하는지에 대한 구체적인 설명이 없다. 2장에서는 이것에 대해 설명하고 있다.

2 인간의 재료는 흙에서 취한 티끌, 먼지였다. 하나님은 마치 토기장이가 진흙으로 그릇을 만들듯이 인간을 만드셨다. 그리고 나서 다른 피조물과 달리 독특한 방법으로 생명을 부여하는데, 하나님이 사용하신 방법은 무엇인가?(창 2:7)

Tip 창세기 2:7은 인간의 영광과 비천함을 동시에 전하고 있다. 인간이 흙에서 취한 티끌, 먼지로 만들어진 것은 인간의 비천함을 잘 나타낸다. 그러나 다른 피조물과 달리 하나님의 '생기'를 받아 생명이 시작된 것은 인간의 영광을 드러내는 것이다. 이것은 인간 존재의 가치 변화를 의미한다.

3 하나님은 그 코에 생기를 불어넣어 사람을 생령이 되게 하시고, 이끌어가신 곳은 에덴동산이었다(창 2:15). 그곳에서의 처음 사람의 하루 일과는 무엇이었으며 하나님이 사람을 에덴동산으로 이끄신 목적은 무엇인가?

....

....

Tip 하나님은 에덴동산을 경작하며 지키기 위해 인간을 그곳에 두셨다. 인간이 동산을 경작하고 가꾸는 것은 노동을 전제로 한다. 육체적인 노동은 인간의 죄와 상관없이 이미 에덴동산에서 시작되고 있다. 죄가 이 세상에 들어오기 전부터 인간은 노동을 했다는 것을 의미한다.

4 하나님은 창세기 1:26, 28에서 "다스리라", 창세기 2:15에서 "경작하며 지키라"고 인간에게 명령하신다. 우리가 생각하는 '다스리다'라는 의미는 무엇이며 하나님의 의도는 무엇인가?

....

....

Tip 자연에 대한 인간의 권리는 하나님의 은혜로운 위임에 의해서 비롯되었다. '다스리다'의 기본적인 개념은 '섬기다', '봉사하다'로 '하나님을 예배하는 것과 남에게 봉사하는 것'을 의미한다. 그러므로 '가꾸다', '보살피다'의 의미가 적절하며 '신경써서 보살핀다'는 의미로 보아야 한다. 그러므로 에덴동산은 인간의 소유물이 아니라 인간이 보살피는 곳이며 인간은 자연을 잘 보살피고 보존해야 한다.

5 하나님이 에덴동산에 두신 나무 중에 특별한 나무로 동산 가운데 있는 나무는 무엇인가?(창 2:9)

Tip 먼저, 인간이 먹으면 영원히 살 수 있는 열매를 가진 생명나무가 있었다. 비록 비유로 사용되기는 하지만 구약성경의 다른 곳에서도 이 나무가 몇 차례 등장한다(잠 3:18; 11:30; 13:12; 15:4). 신약의 요한계시록에서도 종말과 연관하여 생명나무를 언급한다(계 2:7; 22:2, 14, 19). 그리고 에덴동산에는 열매를 먹으면 선과 악을 알게 하는 나무가 있었다.

삶의 내비게이션(적용)

1 창세기 2:7을 통해서 인간의 비천함과 영광을 마주 대할 수 있다. 이것은 인간을 교만하게도 하고 겸손하게도 한다. 당신이 인간으로 태어났기에 느꼈던 특권과 영광은 어떤 것이 있었는가? 또는 인간으로 태어났기에 느꼈던 수치와 비참함은 무엇인가?

관찰문제 2번 참고.

2 인간이 범죄하기 전에도 낙원이라고 불리는 에덴동산에서 무료하고 태만하게 시간을 보내지 않고 열심히 일했다는 사실은 오늘날 일하기를 싫어하는 사람에게 시사하는 바가 크다. 당신에게 노동은 무슨 의미를 갖는가? 일을 즐기면서 할 수 있는가? 일을 즐기는 방법은 어떤 것이 있는가?

관찰문제 3번 참고.

3 하나님은 선악과를 먹지 말라고 명령하신다. 겉으로 보기에는 시험을 이기지 못하는 인간 앞에 선택의 자유를 주신 듯이 보인다. 당신은 하나님이 주신 선택의 자유를 어떻게 사용했는가? 또 절제를 실천하기 위해 무엇을 다짐하는가?

생활의 아로마(실천)

제4주 한 남자+한 여자=가정

창세기 2:18-25

복습

1 인간의 비천함과 영광을 상징하는 것은 무엇인가? 왜 이것들이 영광과 비천함을 상징하는가?(창 2:7)

....

....

....

창세기 2:18-25

2:18 여호와 하나님이 이르시되 사람이 혼자 사는 것이 좋지 아니하니 내가 그를 위
하여 돕는 배필을 지으리라 하시니라 19 여호와 하나님이 흙으로 각종 들짐승과 공중
의 각종 새를 지으시고 아담이 무엇이라고 부르나 보시려고 그것들을 그에게로 이끌
어 가시니 아담이 각 생물을 부르는 것이 곧 그 이름이 되었더라 20 아담이 모든 가축
과 공중의 새와 들의 모든 짐승에게 이름을 주니라 아담이 돕는 배필이 없으므로 21 여
호와 하나님이 아담을 깊이 잠들게 하시니 잠들매 그가 그 갈빗대 하나를 취하고 살로
대신 채우시고 22 여호와 하나님이 아담에게서 취하신 그 갈빗대로 여자를 만드시고
그를 아담에게로 이끌어 오시니 23 아담이 이르되

이는 내 뼈 중의 뼈요
살 중의 살이라
이것을 남자에게서 취하였은즉

여자라 부르리라 하니라

[24]이러므로 남자가 부모를 떠나 그의 아내와 합하여 둘이 한 몸을 이룰 지로다 [25]아담
과 그의 아내 두 사람이 벌거벗었으나 부끄러워하지 아니하니라

말씀 돋보기(관찰)

1 사람이 혼자 사는 것을 좋지 않게 생각하신 하나님이 사람에게 주시려고 한 것은 무엇인가?(창 2:18)

....

....

Tip 하나님이 아담을 위해 만드실 여자는 그의 "배필"이며, 그와 동일한 '사람'이라고 하신다. 이 표현은 여자가 남자보다 열등하지 않다는 의미이다. 성경에서는 오히려 인간을 돕는 하나님을 이 히브리어 단어로 사용한다. 여자는 남자와 동등한 위치에 있는 존재이다.

2 돕는 배필을 주시기 전에 하나님이 아담에게 맡기신 일은 무엇인가?(창 2:18, 19)

....

....

Tip 아담이 짐승들에게 이름을 지어주는 것은 피조물에게 자신의 지위와 권한을 확인하는 일이다. 이것은 인간이 이 세상에서 하나님을 대신하여 피조물을 다스릴 수 있는 권한을 위임받은 것을 의미한다. 이름은 지배자가 피지배자에게 부여하고, 높은 자가 낮은 자에게 지어주는 것이다. 그러므로 야곱이 밤새 하나님과 씨름할 때 하나님이 그에게 새 이름을 주셨다(창 32:28). 또한 이름은 낮은 자가 높은 자에게 먼저 아뢰는 것이며, 높은 자는 낮은 자에게 자신의 이름을 밝힐 필요가 없다. 밤새 한 씨

름이 끝난 후 주님께서는 이름을 알려 달라는 야곱에게 "왜 내 이름을 묻는냐"라고 대답하신다(창 32:29).

3 여자를 본 아담이 부른 인류 최초의 사랑 노래의 노랫말은 무엇인가?(창 2:23)

....

....

....

....

Tip 인간이 이 세상에서 처음으로 지어 부른 노래는 남편이 아내에게 바치는 사랑의 고백이다. "내 뼈 중의 뼈, 살 중의 살"은 섬세함과 감미로움을 느낄 수 없는 원시적인 표현이지만 순수한 사랑의 노래이다. 구약에서 뼈는 강인함을, 살은 연약함을 상징한다. 이 둘을 함께 사용하는 것은 아담이 하와가 자신의 모든 것이라는 것을 고백하는 것이며, 절대적인 충성과 헌신을 약속하고 있는 것이다. 성경에서 하나님과 이스라엘의 언약 관계를 결혼으로 묘사하는 것도 이 해석에 설득력을 더한다(신 28:20; 호 4:10).

4 여자라는 이름의 출처는 무엇인가? 어떤 의미인가?(창 2:23)

....

....

Tip 아담이 배필을 '여자'라 칭하는 것은 짐승들에게 자신의 주권을 확인하며 이름을 지어 주는 일과 다르다. 아담은 '남자'고, 하와가 남자에게 왔으니 '여자'라고 부른다. 여기서 '여자'는 히브리어 '남자'(히브리어음–이쉬)에 여성형 접미사(히브리어음–이샤)를 더한 것이다. 그는 여자에게 이름을 주어 자신의 주권을 확인한 것이 아니라 여자가 자신과 동등한 자격을 가진 존재임을 인정하고 있다.

5 창세기 2장 24절은 결혼의 기본적인 의미를 담고 있다. 그 의미는 무엇인가?

Tip

구약에서 '떠나다'는 흔히 '이스라엘이 하나님과의 언약 관계를 파괴하는 것'을 묘사할 때 사용한다. 또 '연합하다'는 '언약을 잘 이행하고 유지하는 것'을 의미한다. 그러므로 부모를 떠나 아내와 연합한다는 것은 부모와의 관계를 재설정하고 아내와 새로운 관계를 맺는 것을 의미한다. 본문은 결혼을 언약·계약의 행위로 묘사하고 있다. 부부가 된다는 것은 영구적이고 독점적인 것을 강조하고 있다. 또한 남자가 여자와 한 몸을 이룬다는 것은 일부일처제에 대한 성경의 가장 확실한 가르침이다.

삶의 내비게이션(적용)

1 사람이 혼자 있는 것을 좋지 않게 생각하신 하나님은 남자가 준비되도록 기다리셔서 돕는 배필을 주셨다. 당신은 결혼 전에 아내(남편)에게 무엇을 기대했는가? 그 기대는 성경적이었는가?

관찰문제 1번 참고.

2 부부관계는 인간이 맺는 모든 관계 중 가장 기본적이고 소중한 관계이다. 자녀나 부모와의 관계보다 더 소중하고 아름다운 것이다. 당신의 가정은 부모를 온전히 떠나 있는가? 부모나 자녀 때문에 부부관계에 어떤 어려움이 있었는가? 지금은 어떻게 해결했는가?

관찰문제 5번 참고.

3 아담의 신체의 일부분으로 만들어진 하와는 피조물 중 처음으로 살아 있는 생명체로부터 창조된 존재이다. 그녀의 창조는 아담을 포함한 모든 피조물의 창조 방식과 차별되어 있다. 하와가 남자의 갈비뼈로 만들어졌다는 것은 남자와 여자의 특별한 관계를 의미한다. 당신의 부부관계는 아담과 하와와 비교할 때 어떤 점이 비슷하고, 다른가? 남자와 여자 사이에 존재하는 차이와 차별은 어떤 것이 있는가?

관찰문제 4번 참고.

생활의 아로마(실천)

제5주 죄의 본색

창세기 3:1-13

복습

1 아담에게 주신 돕는 배필인 여자는 아담의 어느 부위를 취하여 만들어졌으며, 그 의미는 무엇인가?(창 2:21)

....

....

....

....

....

창세기 3:1-13

3:1 그런데 뱀은 여호와 하나님이 지으신 들짐승 중에 가장 간교하니라 뱀이 여자에게
물어 이르되 하나님이 참으로 너희에게 동산 모든 나무의 열매를 먹지 말라 하시더냐
2 여자가 뱀에게 말하되 동산 나무의 열매를 우리가 먹을 수 있으나 3 동산 중앙에 있
는 나무의 열매는 하나님의 말씀에 너희는 먹지도 말고 만지지도 말라 너희가 죽을까
하노라 하셨느니라 4 뱀이 여자에게 이르되 너희가 결코 죽지 아니하리라 5 너희가 그
것을 먹는 날에는 너희 눈이 밝아져 하나님과 같이 되어 선악을 알 줄 하나님이 아심
이니라 6 여자가 그 나무를 본즉 먹음직도 하고 보암직도 하고 지혜롭게 할 만큼 탐스
럽기도 한 나무인지라 여자가 그 열매를 따먹고 자기와 함께 있는 남편에게도 주매 그
도 먹은지라 7 이에 그들의 눈이 밝아져 자기들이 벗은 줄을 알고 무화과나무 잎을 엮

어 치마로 삼았더라 8 그들이 그 날 바람이 불 때 동산에 거니시는 여호와 하나님의 소
리를 듣고 아담과 그의 아내가 여호와 하나님의 낯을 피하여 동산 나무 사이에 숨은지
라 9 여호와 하나님이 아담을 부르시며 그에게 이르시되 네가 어디 있느냐 10 이르되
내가 동산에서 하나님의 소리를 듣고 내가 벗었으므로 두려워하여 숨었나이다 11 이르
시되 누가 너의 벗었음을 네게 알렸느냐 내가 네게 먹지 말라 명한 그 나무 열매를 네
가 먹었느냐 12 아담이 이르되 하나님이 주셔서 나와 함께 있게 하신 여자 그가 그 나
무 열매를 내게 주므로 내가 먹었나이다 13 여호와 하나님이 여자에게 이르시되 네가
어찌하여 이렇게 하였느냐 여자가 이르되 뱀이 나를 꾀므로 내가 먹었나이다

말씀 돋보기(관찰)

1 하나님은 "동산 각종 나무의 열매는 네가 임의로 먹되 선악을 알게 하는 나무의 열매는 먹지 말라"라고 명령하셨다. 뱀은 "동산의 모든 나무 열매를 먹으면 안 되냐?"라고 질문하며, 여자는 "동산 나무의 열매를 우리가 먹을 수 있으나 동산 중앙에 있는 나무의 열매는 하나님의 말씀에 먹지도 말고 만지지도 말라"고 말씀하셨다고 대답한다. 하나님의 명령과 다른 뱀의 질문 그리고 여자의 대답을 비교해 보라(창 3:3).

....

....

Tip 뱀이 여자에게 던진 질문은 하나님 말씀에 작은 것을 더하여 "모든 열매를 먹으면 안 되냐?"였다. 여자 또한 하나님 말씀에 "먹기는 커녕 만지지도 못하게 하셨다"고 대답한다. 여자의 마음을 확인한 뱀은 하나님 말씀에서 모든 것을 제거해 버린다(4절). 이것으로, 사람이 하나님의 규례와 말씀에 더하기 시작하면 그 끝에는 규례와 말씀의 모든 것을 버리게 되는 결과를 가져온다는 것을 배울 수 있다. 성경에서 모세는 두 차례나 하나님 말씀에 더하는 일이나 빼는 행위를 금지하고 있다(신 4:2; 12:32).

2 뱀은 여자에게 선악과를 먹으면 하나님의 말씀과 다른 세 가지를 제시한다. 그것은 무엇인가?(창 3:5)

Tip 하나님은 자신의 '형상대로, 모양대로' 인간을 창조하셨다. 그러나 인간은 '하나님과 같아지기 위해서' 죄를 범한다. 결국 인간은 하나님과 동등한 자격을 욕심낸 것이다.

3 여자가 뱀과 이야기를 나누고 있을 때 아담이 그 자리에 있었다는 결정적인 증거는 무엇인가?(창 3:6)

Tip 하나님이 명령하실 때는 아담 혼자 있었기에 2인칭 남성 단수를 사용하신다. 그러나 뱀은 하와와 대화하면서 2인칭 복수를 사용한다. 또한 아담이 하와와 함께 뱀의 유혹에 넘어갔다는 결정적인 증거는 여자가 선악과를 먹으면서 "자기와 함께 있는 남편"에게도 주었다는 사실이다. 비록 뱀과의 대화는 하와가 주도하고 있지만 아담도 옆에 있으면서 그녀를 거들었던 것이다.

4 뱀은 여자에게 과일을 먹으라고 권하지도 않았다. 그러나 그들은 열매를 따먹는 죄를 범한다. 열매를 먹은 뒤 그들에게 일어난 변화는 무엇인가? 이것을 통해 알 수 있는 죄의 영향력은 무엇인가?(창 3:7, 8)

Tip 선악과를 따먹은 인간이 얻은 것은 수치와 두려움이다. 분명 뱀이 말한 대로 그들의 눈은 밝아졌지만, 그들이 기대했던 것과는 전혀 다른 의미에서 밝아졌다. 그들의 눈이 밝아지자 시야에 들어온 것은 오직 한 가지,

자신의 벌거벗음이었다. 또한 인간은 하나님을 피하기 위해 나무 사이에 숨는다. 사랑과 정성으로 인류를 아름답게 창조하시고 그들과 교제하기를 원하셨던 자상하신 하나님은 인간이 죄를 짓고 난 다음에는 피해야 하는 두려운 분이 되셨다. 그러나 이것은 하나님이 의도하신 일이 아니라 인간이 죄를 지음으로써 스스로 초래한 결과이다.

5 하나님의 두 번째 질문 "내가 먹지 말라 명한 나무 열매를 먹었느냐?"에 아담과 하와의 대답은 무엇인가? 이것을 통해 알 수 있는 것은 무엇인가?(창 3:11-13)

....

....

....

Tip 아담은 아내를 핑계 삼았고, 하와는 뱀의 속임수에 넘어가 선악과를 먹었다고 변명한다. 죄인은 있는데 지은 죄에 대해 책임을 지는 사람은 없다. 모두 책임을 회피하고 있다. 아담은 모든 핑계와 원망을 하와와 하나님께 돌리고 있다. 아담은 남편의 위치와 집안의 영적 지도자의 위치를 잊고 있으며, 하나님과의 관계, 하와와의 관계를 파괴하고 있다.

삶의 내비게이션(적용)

1 남자와 여자가 죄를 범한 시점은 언제인가? 남자와 여자가 선악과를 먹었을 때가 아니라 여자는 이미 마음속에 죄를 작정하고 있었다. 다만 그것을 행할 수 있는 동기와 용기가 필요했는데 뱀이 빌미를 만들어주자 드디어 행동으로 옮긴 것이다. 그러므로 하와의 범죄는 결코 뱀의 유혹으로 인한 것이 아니다. 마음·언어·행동 순으로 나타난다. 당신도 하와와 같은 경험이 있는가? 현재 자주 사용하는 언어는 무엇인가?

관찰문제 1번 참고.

2 여자는 먹음직스럽고 보기에도 좋아 나무열매를 먹었다. 인간이 보기에 좋은 것이 때로는 하나님 보시기에 좋지 않을 수 있다. 현재 당신이 삶에서 보기에 좋은데 하나님의 기준과 대립되어 문제가 될 가능성이 있는 것은 무엇인가?

관찰문제 1번, 2번 참고.

3 선악과를 먹는 죄로 인해 하나님과 인간의 관계가 깨어졌다. 또한 아담과 하와 부부간의 관계도 깨졌다. 죄의 가장 근본적인 모습은 관계의 파괴이다. 당신의 모습은 어떠한가? 혹시 회복해야 할 깨어진 관계가 있다면 어떤 것이 있는가?

관찰문제 5번 참고.

생활의 아로마(실천)

제6주 범죄한 다음날

창세기 3:14–24

복습

1 하와가 뱀에게 유혹된 동기는 무엇인가?

2 죄로 인해 가장 크게 영향을 받은 것은 관계이다. 어떤 관계가 깨어졌는가?

창세기 3:14–24

3:14 여호와 하나님이 뱀에게 이르시되 네가 이렇게 하였으니 네가 모든 가축과 들의
모든 짐승보다 더욱 저주를 받아 배로 다니고 살아 있는 동안 흙을 먹을지니라 15 내
가 너로 여자와 원수가 되게 하고 네 후손도 여자의 후손과 원수가 되게 하리니 여자
의 후손은 네 머리를 상하게 할 것이요 너는 그의 발꿈치를 상하게 할 것이니라 하시

고 16 또 여자에게 이르시되 내가 네게 임신하는 고통을 크게 더하리니 네가 수고하고
자식을 낳을 것이며 너는 남편을 원하고 남편은 너를 다스릴 것이니라 하시고 17 아담
에게 이르시되 네가 네 아내의 말을 듣고 내가 네게 먹지 말라 한 나무의 열매를 먹었
은즉 땅은 너로 말미암아 저주를 받고 너는 네 평생에 수고하여야 그 소산을 먹으리라
18 땅이 네게 가시덤불과 엉겅퀴를 낼 것이라 네가 먹을 것은 밭의 채소인즉 19 네가
흙으로 돌아갈 때까지 얼굴에 땀을 흘려야 먹을 것을 먹으리니 네가 그것에서 취함을
입었음이라 너는 흙이니 흙으로 돌아갈 것이니라 하시니라 20 아담이 그의 아내의 이
름을 하와라 불렀으니 그는 모든 산 자의 어머니가 됨이더라 21 여호와 하나님이 아담
과 그의 아내를 위하여 가죽옷을 지어 입히시니라 22 여호와 하나님이 이르시되 보라
이 사람이 선악을 아는 일에 우리 중 하나 같이 되었으니 그가 그의 손을 들어 생명
나무 열매도 따먹고 영생할까 하노라 하시고 23 여호와 하나님이 에덴 동산에서 그를
내보내어 그의 근원이 된 땅을 갈게 하시니라 24 이같이 하나님이 그 사람을 쫓아내시
고 에덴 동산 동쪽에 그룹들과 두루 도는 불 칼을 두어 생명 나무의 길을 지키게 하시
니라

말씀 돋보기(관찰)

1 하나님이 뱀을 심판하시면서 여자와 뱀의 관계를 선언하신다. 이 선언을 '원시복음'이라 부르며 메시아에 대한 예언으로 이해한다. 그 내용은 무엇인가?(창 3:15)

....

....

....

Tip 여자와 뱀 사이에는 세 종류의 원수 관계가 형성된다. 1) 뱀과 여자 사이 2) 뱀의 후손과 여자의 후손 사이 3) 뱀과 여자의 한 후손 사이에 영원한 원수 관계가 형성될 것이다. "여자의 후손은 네 머리를 상하게 할 것이요 너는 그의 발꿈치를 상하게 할 것이니라"라는 말씀은 인류의 구원에 대

한 중요한 말씀으로 교회는 지난 2000년 동안 이 말씀을 메시아에 대한 예언으로 해석하는 견해를 고수해왔다. 이 말씀은 성경에 기록된 메시아에 대한 최초의 예언이라 하여 '원시복음'이라고 부른다.

2 가장 가혹한 심판으로 남자가 받는 벌은 무엇인가? 또한 인간의 죄로 인해 저주를 받는 것은 무엇인가?(창 3:17-19)

....

....

Tip 죄로 인해 남자는 땀을 흘리며 일해야 먹고 살 수 있게 되었다. 구약의 '이에는 이, 눈에는 눈'식의 심판이 아담에게도 적용된다. 남자의 죄는 선악과를 먹은 일인데 남자가 받는 심판도 먹는 것을 중심으로 하고 있다. 즉 인간이 선악과를 먹는 일로 죄를 지었으니, 하나님은 그에게 먹는 일을 통해 벌을 내리시는 것이다. 가족의 생존을 위해 남자는 허리가 휘도록 일해야 하며 이 고통은 죽는 순간까지 계속된다. 이는 인류가 존재하는 한 결코 끝나지 않는 시련과 고통이다.

자연 또한 인간의 죄 때문에 저주받았다. 좋은 나무와 식물로 가득했던 세상에 가시덤불과 엉겅퀴 등 좋지 않은 풀이 나게 되었다. 인간의 삶을 방해하고 괴롭히는 것들이다. 자연은 인간 때문에 앞으로 두 번 더 고통을 당하게 된다. 가인의 죄 때문에 저주받고(4장), 온 인류의 죄 때문에 물로 고문을 당하게 된다(7장).

3 죄로 인해 남자와 여자의 절대적인 평등 관계가 깨어지고 아담은 여자에게 이름을 주게 된다. 그 이름은 무엇이며, 어떤 의미인가?(창 3:20)

....

Tip 남자는 여자에 대한 지배권을 확인하기 위해 그녀에게 '하와'라는 새 이름을 주었다. 아담이 하와를 처음 만났을 때 그녀가 '남자'(이쉬)에게서 나왔다 하여 '여자'(이샤)라고 불렀다(2:23). 히브리어로 여자는 남자의 여성형이다. 평등을 전제했던 관계에 균형이 깨지자 새 이름이 주어진다. 여자의 새 이름 하와는 '살아 있는 것'의 의인화로 해석된다. 모든 인류의 어머니에게 적절한 이름이다.

4 아담과 하와는 벌거벗은 부끄러움을 가리기 위해 무화과나무 잎으로 몸을 가렸으나 이것은 완전한 옷은 아니었다. 하나님이 아담과 아내를 위해 새 옷을 입히신다. 그 옷은 무엇인가? 그 옷은 어떤 의미를 가지는가?(창 3:21)

....

....

Tip 하나님은 죄인에 대한 배려로 가죽옷을 만들어 입히셨다. 아담과 하와가 만들어 입은 무화과나무잎은 인간의 부끄러움을 가려줄 뿐 옷은 되지 못했다. 그러므로 영구적인 옷이 필요했는데 하나님께서 그 필요를 채워주신 것이다. 하나님이 직접 만드신 옷이 가죽이라는 것은 인간의 부끄러움을 가리기 위해 생명이 희생되었음을 전제한다. 더 나아가 이 짐승이 예수님의 죽음의 모형이라는 해석도 있다. 가죽옷은 예수님께서 우리의 죄를 담당하셨던 것처럼 우리의 부끄러움을 가려주는 역할을 담당한다.

5 죄를 범한 인간은 이제는 동산에서 하나님과 함께 있을 수 없다. 하나님은 두 가지 이유로 그들을 동산에서 추방하셨다. 그것은 무엇인가?(창 3:22)

....

....

Tip 하나님이 죄를 범한 인간을 동산에서 추방하신 이유는 첫째, 선악과를 먹음으로 인간이 '하나님처럼'되었기 때문이다. 이 말은 인간이 선악을 아는 일에 어느 정도는 하나님처럼 되었지만 여전히 창조주와는 질적으로 다른, 한계를 지닌 존재라는 의미로 일종의 비꼬는 말로 해석하는 것이 바람직하다. 둘째, 인간이 생명나무를 먹고 영원히 살게 될 것을 우려

하신 것이다. 생명나무는 인간이 영원히 살 것을 말하는 것이 아니라 '죽음'이 존재한다는 사실을 암시한다. 죄인으로 영원히 사는 것은 죽는 것보다 고통스러운 일이므로 선악과를 먹기 전에 생명나무를 먹지 않은 것은 다행스러운 일이다. 생명나무가 요한계시록에서 다시 등장하여 하나님이 인간의 죄를 사해 주시는 때가 언젠가는 도래할 것이라는 소망을 주고 있다.

삶의 내비게이션(적용)

1 인간이 자신의 수치와 부끄러움을 가리기 위해 아무것도 할 수 없었듯이 인간 스스로는 죄 문제를 해결할 수 없다. 그러나 하나님이 가죽옷을 입히시듯 예수 그리스도를 통해 우리의 부끄러움을 모두 덮어 주셨다. 최근에 하나님의 놀라운 은총과 은혜에 대해 깊이 감사하고 묵상한 경험이 있는가?

관찰문제 4번 참고.

2 에덴동산 관리소장인 아담의 잘못으로 아담이 다스리고 관리하는 자연이 벌을 받게 된다. 리더 한 사람이 잘못하면 그 리더십 아래의 모든 것이 피해를 입게 된다. 당신이 가정과 교회 그리고 사회에서 리더의 역할을 잘 감당하고 있는지 어떻게 알 수 있는가?

관찰문제 2번 참고.

3 인간은 하나님과 같아지기 위해서 죄를 지었는데 죄로 말미암아 하나님과 같이 있을 수가 없었다. 당신의 삶에서 추구하는 것은 무엇인가? 하나님과 위치가 같아지는 것인가, 아니면 하나님과 같이 있는 것인가?

관찰문제 5번 참고.

생활의 아로마(실천)

제7주 예배의 설렘

창세기 4:1–16

복습

1 심판을 받은 셋 중에 아담의 판결이 가장 가혹한 이유는 무엇인가?(창 3:17–19)

....

....

....

2 가죽옷은 무엇을 상징하는가?

....

....

창세기 4:1–16

4:1 아담이 그의 아내 하와와 동침하매 하와가 임신하여 가인을 낳고 이르되 내가 여호
와로 말미암아 득남하였다 하니라 2 그가 또 가인의 아우 아벨을 낳았는데 아벨은 양
치는 자였고 가인은 농사하는 자였더라 3 세월이 지난 후에 가인은 땅의 소산으로 제
물을 삼아 여호와께 드렸고 4 아벨은 자기도 양의 첫 새끼와 그 기름으로 드렸더니 여
호와께서 아벨과 그의 제물은 받으셨으나 5 가인과 그의 제물은 받지 아니하신지라
가인이 몹시 분하여 안색이 변하니 6 여호와께서 가인에게 이르시되 네가 분하여 함
은 어찌 됨이며 안색이 변함은 어찌 됨이냐 7 네가 선을 행하면 어찌 낯을 들지 못하

겠느냐 선을 행하지 아니하면 죄가 문에 엎드려 있느니라 죄가 너를 원하나 너는 죄를
다스릴지니라 8 가인이 그의 아우 아벨에게 말하고 그들이 들에 있을 때에 가인이 그
의 아우 아벨을 쳐죽이니라 9 여호와께서 가인에게 이르시되 네 아우 아벨이 어디 있
느냐 그가 이르되 내가 알지 못하나이다 내가 내 아우를 지키는 자니이까 10 이르시되
네가 무엇을 하였느냐 네 아우의 핏소리가 땅에서부터 내게 호소하느니라 11 땅이 그
입을 벌려 네 손에서부터 네 아우의 피를 받았은즉 네가 땅에서 저주를 받으리니 12
네가 밭을 갈아도 땅이 다시는 그 효력을 네게 주지 아니할 것이요 너는 땅에서 피하
며 유리하는 자가 되리라 13 가인이 여호와께 아뢰되 내 죄벌이 지기가 너무 무거우니
이다 14 주께서 오늘 이 지면에서 나를 쫓아내시온즉 내가 주의 낯을 뵈옵지 못하리니
내가 땅에서 피하며 유리하는 자가 될지라 무릇 나를 만나는 자마다 나를 죽이겠나이
다 15 여호와께서 그에게 이르시되 그렇지 아니하다 가인을 죽이는 자는 벌을 칠 배나
받으리라 하시고 가인에게 표를 주사 그를 만나는 모든 사람에게서 죽임을 면하게 하
시니라 16 가인이 여호와 앞을 떠나서 에덴 동쪽 놋 땅에 거주하더니

말씀 돋보기(관찰)

1 가인과 아벨이 여호와께 드린 제물은 무엇인가? 하나님은 왜 가인의 제물은 안 받으시고 아벨의 제물은 받으셨는가?(창 4:3, 4)

....

....

....

....

Tip

농부였던 가인은 땅의 소산물을 하나님께 드렸고, 목자였던 아벨은 자신이 키운 첫 새끼와 그 기름을 드렸다. 각자 자신의 직업에 적절한 제물을 드린 것이다. 그런데 가인과 아벨의 제물을 설명할 때 차별을 둔다. 아벨의 제물에는 '첫 열매', '기름진 것' 등 가장 좋은 것을 드렸다는 설명이 있지만 가인의 제물에는 그저 '땅의 소산물'이라고 표현한다. 아벨은 짐

승 중에서 가장 좋고 기름진 양을 제물로 선별하는 일을 통해 예배를 드리러 오기 전부터 하나님께 예배드릴 준비가 되어 있었다. 그러나 가인은 때가 되니 생각 없이 동생 아벨을 따라와 예배를 드렸다. 그러므로 무엇을 드리느냐가 아니라 어떻게 드렸는가가 이 부분의 중요한 부분이다. 제물의 문제가 아니라 예배드리는 목적과 자세의 문제이다. 가인과 아벨의 제사에 관한 다양한 해석에서 보이는 문제점은 다음과 같다.

〈해석의 문제점〉

해석의 초점	이유	해석의 문제
제사자의 직업	농부보다 목자를 선호	아담도 죄 짓기 전 농부
제물의 종류	짐승 제물(피의 제사)을 곡물 제물보다 선호	냄새와 형태로 판단하시는 하나님이 아닌 이성과 공의로 판단하시는 하나님
제물의 성장 과정	소나 양처럼 자연적으로 성장한 것을 곡식처럼 수확하는 것보다 선호	그러면 현대의 공장과 사무직 종사자의 헌물은?
제물	가인의 인색함	추측에 불과함
알 수 없음	우리가 알 수 없는 하나님의 예정과 선택	고민 없는 무책임한 성경 해석

2 제물을 받지 않으신 하나님에 대한 가인의 태도는 어떠했는가?(창 4:5)

....

Tip

가인은 예배가 거부당하자 하나님께 화를 냈다. 가인은 마치 '누가 주는데 감히 안 받아?'라는 태도를 보인다. 하나님이 그의 제물을 받지 않으신 것을 용납할 수 없었던 것이다. 그러나 제물과 예배는 대가를 요구하지 않고 드려야 한다. 인간은 결코 하나님께 예배에 대해 어떠한 강요도 할 수 없다. 만약 하나님이 아벨의 제물을 받지 않으셨다면 아벨은 자기 성찰의 기회로 삼았을 것이다.

3 가인은 화를 엉뚱한 곳에서 발산한다. 그 대상은 누구인가?(창 4:8)

Tip 하나님이 동생 아벨의 제물은 받으면서 자신의 제물은 받지 않은 것 때문에 화가 난 가인은 아벨을 시기하여 살해한다. 그러므로 살인의 동기는 '질투'이다. 이 이야기에는 '형제', '아우'라는 단어가 일곱 번이나 사용된다. 하나님과 가인의 대화를 통해, 인간은 모두 '형제를 지키는 자'가 되어야 한다는 것을 깨달을 수 있다. 결국 모든 살인은 '형제 살인'이 되는 것이다.

4 동생을 살해한 가인에게 하나님은 처음 죄를 지은 인간에게 하셨던 것과 같은 비슷한 질문을 하신다. 그것은 무엇이며, 그 의미는 무엇인가?(창 4:9)

Tip 가인에게 "어디에 있느냐?"라는 질문을 하신 하나님은 그에게 어떤 정보를 얻고자 하신 것이 아니라 자백과 회개의 기회를 주시는 것이다. 그러나 가인은 아담과 같이 자신을 변명한다.

〈아담 이야기와의 공통점(부전자전)〉

	아담	가인과 아벨
하나님의 질문	네가 어디 있느냐? (3:9)	네 아우 아벨이 어디 있냐? (4:9)
청취	아담이 하나님의 음성을 (3:10)	하나님이 땅의 울부짖음을 (4:10)
심판	아담, 하와, 땅	가인, 땅
심판 후의 긍휼	가죽옷 (3:21)	타인이 해함을 피할 증표 (4:15)
죄의 결과	에덴동산에서의 추방 (3:23)	가인의 지면 퇴출 (4:14)
클라이맥스	아담과 하와의 범죄 (의도적 불순종)(3:6-8)	가인의 아벨 살해 (4:8)

5 하나님은 가인에게 형벌을 내리지만 또한 은혜를 베푸신다. 그것은 무엇인가?(창 4:15)

Tip 하나님은 누구든지 그를 보면 죽이려 드는 일에서 가인을 보호하기 위해 그에게 증표를 주신다. 가인이 받은 증표는 외형적으로 드러나는 일종의 육체적인 표시였을 것이다. 또한 가인을 해하는 자는 7배의 벌을 받을 것을 약속하신다. 이것은 아담과 하와에게 심판 다음에 가죽옷으로 자비를 베푸신 일과 평행을 이루며, 가인 같은 죄인도 살 수 있도록 보호하시는 하나님의 은혜로 보여진다.

삶의 내비게이션(적용)

1 가인과 아벨의 예배를 제물의 차이로 생각하기 쉬운데 이 이야기는 예배에 임하는 마음자세에 관한 것이다. 예배는 우리의 일상에서 이미 시작되고 있으며 공동체 예배는 예배의 연장선의 표현이다. 처음 하나님을 믿고 예배를 드릴 때 마음자세는 어떠했는가?

관찰문제 1번, 2번 참고.

2 인류 최초의 살인 사건은 바로 형제 살인이다. 신약에서는 형제를 미워하는 것도 살인하는 것이라고 하는데(요일 3:15), 당신 주위에 당신을 분노하게 하는 사람이 있는가?

관찰문제 2번, 3번 참고.

3 예배는 사람들을 위한 것이지만 하나님을 위한 것이다. 우리가 하나님께 드리는 것으로 베푸는 것이 결코 아니다. 당신의 예배는 하나님 보시기에 좋은 예배인가? 당신에게 좋은 예배인가? 예배의 설렘을 회복하기 위해 당신이 준비할 수 있는 것은 무엇인가?

관찰문제 2번, 3번 참고.

생활의 아로마(실천)

제8주 예배의 동행

창세기 4:17-26

복습

1 하나님이 가인의 예물을 버리고 아벨의 예물을 받으신 이유는 무엇인가?(창 4:3, 4)

....

....

....

....

2 일주일 동안 설레는 예배를 위해 어떤 노력을 했는가?

....

....

창세기 4:17-26

4:17 아내와 동침하매 그가 임신하여 에녹을 낳은지라 가인이 성을 쌓고 그의 아들의
이름으로 성을 이름하여 에녹이라 하니라 18 에녹이 이랏을 낳고 이랏은 므후야엘을
낳고 므후야엘은 므드사엘을 낳고 므드사엘은 라멕을 낳았더라 19 라멕이 두 아내를
맞이하였으니 하나의 이름은 아다요 하나의 이름은 씰라였더라 20 아다는 야발을 낳
았으니 그는 장막에 거주하며 가축을 치는 자의 조상이 되었고 21 그의 아우의 이름은
유발이니 그는 수금과 퉁소를 잡는 모든 자의 조상이 되었으며 22 씰라는 두발가인을

낳았으니 그는 구리와 쇠로 여러 가지 기구를 만드는 자요 두발가인의 누이는 나아마
였더라 [23] 라멕이 아내들에게 이르되 아다와 씰라여 내 목소리를 들으라 라멕의 아내
들이여 내 말을 들으라 나의 상처로 말미암아 내가 사람을 죽였고 나의 상함으로 말미
암아 소년을 죽였도다 [24] 가인을 위하여는 벌이 칠 배일진대 라멕을 위하여는 벌이 칠
십칠 배이리로다 하였더라 [25] 아담이 다시 자기 아내와 동침하매 그가 아들을 낳아 그
의 이름을 셋이라 하였으니 이는 하나님이 내게 가인이 죽인 아벨 대신에 다른 씨를
주셨다 함이며 [26] 셋도 아들을 낳고 그의 이름을 에노스라 하였으며 그 때에 사람들이
비로소 여호와의 이름을 불렀더라

말씀 돋보기(관찰)

1 농부인 가인은 하나님의 형벌로 정착할 수 없고 떠도는 삶을 살게 되었다. 그런데 가인은 성을 쌓고 아들의 이름을 따라 에녹성이라고 이름한다. 그것은 왜 하나님을 거역하는 행위인가?(창 4:12)

....

....

Tip 가인은 하나님께로부터 "떠돌아다니라"라는 처벌을 받았는데도 성을 쌓고 그곳에 사는 죄를 범하였다. 가인이 쌓은 '에녹성'은 아들의 이름을 기념한 것이다. 하나님의 이름을 기념하는 것은 당연한 일이지만 가인은 사람의 이름, 그것도 아들의 이름을 기념하고 있다. 에녹성은 가인이 인류 최초의 도시 문화를 시작한 것으로 보인다.

2 가인의 후손에 의해 인류의 문화와 문명이 시작되고 발전되는 모습을 볼 수 있다. 대표적인 예로 야발, 유발, 두발가인이 창시한 산업은 무엇인가?(창 4:20-22)

....

....

Tip

〈가인의 계보〉

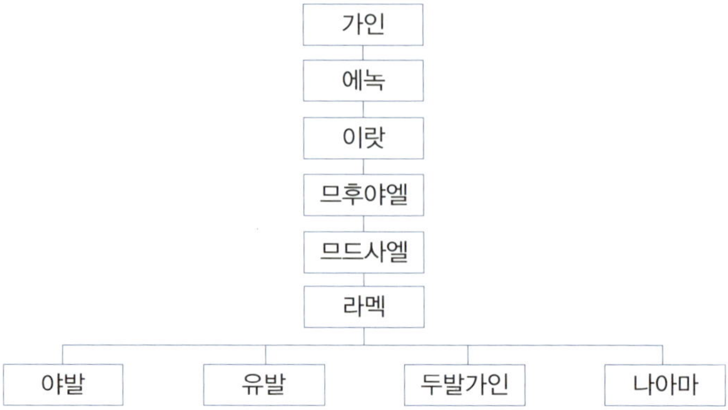

야발은 축산업의 선구자, 유발은 음악의 조상, 두발가인은 대장장이의 선조가 되었다. 이 사람들이 산업을 시작한 시조들이다. 가인의 후손 에녹은 하나님과 동행한 에녹과 동명이인이다.

3 라멕의 노래는 '칼의 노래'라고도 하는데 이 노래는 당시 사회가 시간이 흐를수록 폭력적이고 잔인한 사회라는 것을 보여준다. 이 노래는 가인의 후손이 이룩한 사회의 또 다른 면모를 보여주는데 무엇인가?(창 4:23-24)

....

....

....

Tip

라멕의 노래는 교만한 자의 노래로 상대방의 폭력에 대응하는 과정에서 필요 이상의 폭력을 사용한 것으로 보인다. 그러나 그는 자신의 살인을 정당방위라고 주장한다. 이것은 라멕이 살던 사회는 정당방위에서 비롯된 폭력을 일반적인 폭력과 다르게 취급하고 있음을 암시한다. 즉 당시의 법은 정당방위의 적법성까지 허용할 수 있을 정도의 사법제도를 갖춘 발전된 사회였다.

4 셋은 아들을 낳고 그 이름을 에노스라고 한다. 그때 사람들이 시작한 것은 무엇인가?(창 4:26)

Tip 사람들은 비로소 여호와의 이름을 부르며, 예배를 시작한다. 가인과 아벨이 하나님께 예배드린 것을 볼 때, 에노스 이전에는 하나님을 예배하지 않았다는 의미는 아니다. 연약함과 한계를 깨닫고 하나님을 전적으로 의지했다는 의미이며, 공동체적 예배를 처음 드린 것이다.

5 가인의 후손과 셋의 후손은 큰 대조를 이루고 있다. 가인의 후손은 상당한 문명사회를 형성하고 있는데 비해 셋의 자손은 괄목할 만한 업적을 남기지 못했다. 그러나 셋의 후손이 가인의 후손보다 하나님의 관점에서 주목할 만한 것은 무엇인가?(창 4:26)

Tip 셋의 후손은 가인의 후손에 비해 사회적으로 큰 업적을 남기지 못했다. 그러나 그들은 하나님의 이름을 부르며 예배를 드렸다. 하나님은 이 사실을 중요하게 여겨 메시아의 탄생을 세상에서 많은 업적을 남긴 가인의 후손이 아닌 하나님을 전적으로 의지하는 셋의 후손을 통해 이루신다.

삶의 내비게이션(적용)

1 가인은 떠돌이 생활을 하라는 명령에도 불구하고 정착하여 한곳에 머물면서 죄를 범하여 불순종의 모습을 보였다. 하나님이 은혜를 베풀어 주셨는데도 배반한 것이다. 당신의 삶에서 하나님의 은혜를 체험하고 나서 바로 불순종한 경험이 있는가?

관찰문제 1번 참고.

2 에노스 시대 사람들은 여호와의 이름을 부름으로 공동체 예배의 시작을 알리고 있다. 개인적으로 예배를 드릴 수 있는데, 왜 공동체 예배가 중요한가?

관찰문제 4번, 5번 참고.

3 하나님은 문명의 발전을 이룩한 사람들(가인의 후손)보다 겸손히 하나님을 찾고 예배하는 자들(셋의 후손)을 통해 역사하시는 것을 보았다. 하나님은 우리가 이룬 업적보다는 우리와의 관계, 공동체 예배를 중요하게 여기신다. 혹시 당신은 하나님의 일을 하기에 너무 바빠서 공동체 예배를 등한시하거나 소홀히 한 적은 없는가? 그 상황이 되면 어떻게 대처하겠는가?

관찰문제 4번, 5번 참고.

생활의 아로마(실천)

제9주 영혼의 올레길

창세기 5:1–6:8

복습

1 에노스 때에 사람들이 여호와의 이름을 부른 것은 무엇을 의미하는가?(창 4:26)

....

....

....

2 공동체 예배의 중요성은 무엇이라고 생각하는가?

....

....

....

창세기 5:1–6:8

[5:1] 이것은 아담의 계보를 적은 책이니라 하나님이 사람을 창조하실 때에 하나님의 모
양대로 지으시되 [2] 남자와 여자를 창조하셨고 그들이 창조되던 날에 하나님이 그들
에게 복을 주시고 그들의 이름을 사람이라 일컬으셨더라 [3] 아담은 백삼십 세에 자기
의 모양 곧 자기의 형상과 같은 아들을 낳아 이름을 셋이라 하였고 [4] 아담은 셋을 낳
은 후 팔백 년을 지내며 자녀들을 낳았으며 [5] 그는 구백삼십 세를 살고 죽었더라 [6] 셋

은 백오 세에 에노스를 낳았고 7 에노스를 낳은 후 팔백칠 년을 지내며 자녀들을 낳았
으며 8 그는 구백십이 세를 살고 죽었더라 9 에노스는 구십 세에 게난을 낳았고 10 게
난을 낳은 후 팔백십오 년을 지내며 자녀들을 낳았으며 11 그는 구백오 세를 살고 죽
었더라 12 게난은 칠십 세에 마할랄렐을 낳았고 13 마할랄렐을 낳은 후 팔백사십 년을
지내며 자녀들을 낳았으며 14 그는 구백십 세를 살고 죽었더라 15 마할랄렐은 육십오
세에 야렛을 낳았고 16 야렛을 낳은 후 팔백삼십 년을 지내며 자녀를 낳았으며 17 그는
팔백구십오 세를 살고 죽었더라 18 야렛은 백육십이 세에 에녹을 낳았고 19 에녹을 낳
은 후 팔백 년을 지내며 자녀들을 낳았으며 20 그는 구백육십이 세를 살고 죽었더라 21
에녹은 육십오 세에 므두셀라를 낳았고 22 므두셀라를 낳은 후 삼백 년을 하나님과 동
행하며 자녀들을 낳았으며 23 그는 삼백육십오 세를 살았더라 24 에녹이 하나님과 동
행하더니 하나님이 그를 데려가시므로 세상에 있지 아니하였더라 25 므두셀라는 백팔
십칠 세에 라멕을 낳았고 26 라멕을 낳은 후 칠백팔십이 년을 지내며 자녀를 낳았으며
27 그는 구백육십구 세를 살고 죽었더라 28 라멕은 백팔십이 세에 아들을 낳고 29 이름
을 노아라 하여 이르되 여호와께서 땅을 저주하시므로 수고롭게 일하는 우리를 이 아
들이 안위하리라 하였더라 30 라멕은 노아를 낳은 후 오백구십오 년을 지내며 자녀들
을 낳았으며 31 그는 칠백칠십칠 세를 살고 죽었더라 32 노아는 오백 세 된 후에 셈과
함과 야벳을 낳았더라 6:1 사람이 땅 위에 번성하기 시작할 때에 그들에게서 딸들이 나
니 2 하나님의 아들들이 사람의 딸들의 아름다움을 보고 자기들이 좋아하는 모든 여
자를 아내로 삼는지라 3 여호와께서 이르시되 나의 영이 영원히 사람과 함께 하지 아
니하리니 이는 그들이 육신이 됨이라 그러나 그들의 날은 백이십 년이 되리라 하시니
라 4 당시에 땅에는 네피림이 있었고 그 후에도 하나님의 아들들이 사람의 딸들에게
로 들어와 자식을 낳았으니 그들은 용사라 고대에 명성이 있는 사람들이었더라 5 여
호와께서 사람의 죄악이 세상에 가득함과 그의 마음으로 생각하는 모든 계획이 항상
악할 뿐임을 보시고 6 땅 위에 사람 지으셨음을 한탄하사 마음에 근심하시고 7 이르시
되 내가 창조한 사람을 내가 지면에서 쓸어버리되 사람으로부터 가축과 기는 것과 공
중의 새까지 그리하리니 이는 내가 그것들을 지었음을 한탄함이니라 하시니라 8 그러
나 노아는 여호와께 은혜를 입었더라

말씀 돋보기(관찰)

1 창세기 5:1에 등장하는 '책'을 통해 우리가 알 수 있는 정보는 무엇인가?

....

....

Tip 창세기 5:1은 "아담의 계보를 적은 책"이란 구절을 통해 모세가 이 글을 쓸 때 이미 존재하여 자신에게 전수된 계보 책을 인용하였음을 알 수 있다.

2 셋의 계보는 가인의 계보와 다른 차이점을 보이고 있다. 가인의 계보(창 4:17–22)가 이름만을 나열하고 있다면 셋의 계보는 구체적인 정보를 제공한다. 어떤 정보를 제공하고 있는가?(창 5:1–32)

....

....

....

Tip 성경은 더 많은 정보를 제공하는 계보의 중요성을 강조하고 있는데, 셋의 자손은 다음과 같은 동일한 양식에 따라 일생을 요약한다.

a) ________가 ________살에 ________를 낳았다.

b) ________를 낳은 후 ________년을 지내며 아들딸들을 낳았다.

c) ________을 향수하고 죽었다.

〈셋의 계보〉

이름	대를 잇는 아들을 낳았을 때	그 후 햇수	죽을 때 나이
아담	130	800	930
셋	105	807	912
에노스	90	815	905

게난	70	840	910
마할랄렐	65	830	895
야렛	162	800	962
에녹	65	300	365
므두셀라	187	782	969
라멕	182	595	777
노아	500	450	950

3 하나님이 에녹을 "데려가시므로 세상에 있지 않았다"라는 말의 의미는 무엇인가?(창 5:24)

....

....

Tip 다른 사람에 대하여는 한결같이 "죽었다"라고 표현하는데 에녹은 "하나님이 그를 데려가시므로"와 같은 표현을 사용하고 있다. 이 표현은 하나님이 선지자 엘리야를 하늘로 데려가시던 장면을 묘사할 때의 표현과 동일하다. 그러므로 에녹은 죽지 않고 하늘나라로 옮겨진 최초의 인간이다. 태초에 인간은 이 세상에 살다가 때가 되면 죽지 않고 곧장 하늘나라로 가도록 디자인되었는데, 죄로 말미암아 세상에서 하늘나라로 옮겨지기 전에 죽음을 맛보게 된 것이다.

4 하나님의 아들들이 아내로 맞이하는 사람은 누구인가? 여기서 하나님의 아들과 그들의 아내가 의미하는 것은 무엇인가?(창 6:2)

....

....

Tip 하나님의 아들들은 셋의 자손으로 신앙적인 사람을 뜻한다. 인간의 딸들은 가인의 후손으로 해석할 수 있다. 그러므로 셋의 자손과 가인의 후손의 결혼은 하나님을 섬기는 자와 믿지 않는 자의 결합을 의미하며, 셋의 자손이 포악한 죄인들로 이루어진 가인의 자손과 피를 섞으면서 함께 타락한 것이다. 학자에 따라 하나님의 아들을 천사들, 왕족들이라고 하는데 가장 성경적인 해석은 셋의 자손이다(어거스틴, 루터, 칼빈, 델리취 등도 이렇게 해석함). 또한 네피림은 특정한 지파, 족속이라기보다는 '덩치가 매우 큰 사람'을 의미한다.

5 하나님은 물 심판을 작정하시는데 그 이유는 무엇이며, 심판을 결정하신 하나님이 느끼신 감정은 무엇인가?(창 6:5-7)

....

....

Tip 인간이 세상을 가득 채운 만큼 악이 세상에 가득 찼다. 하나님이 세상을 '만드실 때'는 선과 아름다움으로 가득 찬 세상이었다. 그러나 인간이 자신의 사고와 행동으로 세상을 '만들어갈 때' 악과 부정이 만연하게 되었다.
하나님은 세상의 악을 보고, 아픔을 느꼈고, 인류를 쓸어버리기로 결정하셨다. 함께 교제하기 위해 창조한 인간의 범죄와 반역으로 인해 배신감에서 비롯된 아픔을 느끼신 것이다. 탄식과 아픔은 항상 하나님이 느끼시는 분노의 한 부분이다.

삶의 내비게이션(적용)

1 사람이 보통 800-900년을 살던 시대에 에녹의 365년은 짧은 기간이다. 그러나 그는 하나님과 동행하는 삶을 살았다. 에녹의 삶에 대한 조명은 그가 '얼마나 살았는가'보다는 '어떻게 살았는가'에 초점을 맞추고 있다. 당신은 그동안 어떤 삶을 추구했는가?

관찰문제 5번 참고.

....

....

....

....

....

2 주의 백성이 죄를 지을 때 초래되는 가장 심각한 결과는 무엇보다 하나님의 마음을 괴롭게 하는 것이다. 죄는 우리를 가장 아끼고 사랑하는 하나님의 가슴에 못을 박는 행위이다. 당신은 가장 아끼고 사랑하는 사람 때문에 마음 아팠던 경험이 있었는가? 어떤 상황이었는가?

관찰문제 5번 참고.

3 인간의 잘못으로 만물도 심판을 받게 된다. 인간이 자연을 다스리는 지도자로서 제 역할을 감당하지 못하고 하나님 앞에 죄를 범하면 그의 지휘 아래 있는 모든 피조물이 함께 심판을 받는 것이 성경의 가르침이다. 인간의 죄와 자연 파괴의 규모는 서로 비례한다. 그 모습을 어디서 발견할 수 있는가? 자연을 보호하기 위해 당신은 한 주간 동안 무엇을 하겠는가?

관찰문제 5번 참고.

생활의 아로마(실천)

제10주 생명의 방주

창세기 6:9–7:10

복습

1 하나님이 물 심판을 작정하신 이유와 느끼신 감정은 무엇인가?(창 6:5–7)

....

....

창세기 6:9–7:10

6:9 이것이 노아의 족보니라 노아는 의인이요 당대에 완전한 자라 그는 하나님과 동행
하였으며 10 세 아들을 낳았으니 셈과 함과 야벳이라 11 그 때에 온 땅이 하나님 앞에
부패하여 포악함이 땅에 가득한지라 12 하나님이 보신즉 땅이 부패하였으니 이는 땅에
서 모든 혈육 있는 자의 행위가 부패함이었더라 13 하나님이 노아에게 이르시되 모든
혈육 있는 자의 포악함이 땅에 가득하므로 그 끝 날이 내 앞에 이르렀으니 내가 그들
을 땅과 함께 멸하리라 14 너는 고페르 나무로 너를 위하여 방주를 만들되 그 안에 칸
들을 막고 역청을 그 안팎에 칠하라 15 네가 만들 방주는 이러하니 그 길이는 삼백 규
빗, 너비는 오십 규빗, 높이는 삼십 규빗이라 16 거기에 창을 내되 위에서부터 한 규빗
에 내고 그 문은 옆으로 내고 상 중 하 삼층으로 할지니라 17 내가 홍수를 땅에 일으켜
무릇 생명의 기운이 있는 모든 육체를 천하에서 멸절하리니 땅에 있는 것들이 다 죽으
리라 18 그러나 너와는 내가 내 언약을 세우리니 너는 네 아들들과 네 아내와 네 며느
리들과 함께 그 방주로 들어가고 19 혈육 있는 모든 생물을 너는 각기 암수 한 쌍씩 방

주로 이끌어들여 너와 함께 생명을 보존하게 하되 20 새가 그 종류대로, 가축이 그 종
류대로, 땅에 기는 모든 것이 그 종류대로 각기 둘씩 네게로 나아오리니 그 생명을 보
존하게 하라 21 너는 먹을 모든 양식을 네게로 가져다가 저축하라 이것이 너와 그들
의 먹을 것이 되리라 22 노아가 그와 같이 하여 하나님이 자기에게 명하신 대로 다 준
행하였더라 7:1 여호와께서 노아에게 이르시되 너와 네 온 집은 방주로 들어가라 이 세
대에서 네가 내 앞에 의로움을 내가 보았음이니라 2 너는 모든 정결한 짐승은 암수 일
곱씩, 부정한 것은 암수 둘씩을 네게로 데려오며 3 공중의 새도 암수 일곱씩을 데려
와 그 씨를 온 지면에 유전하게 하라 4 지금부터 칠 일이면 내가 사십 주야를 땅에 비
를 내려 내가 지은 모든 생물을 지면에서 쓸어버리리라 5 노아가 여호와께서 자기에
게 명하신 대로 다 준행하였더라 6 홍수가 땅에 있을 때에 노아가 육백 세라 7 노아는
아들들과 아내와 며느리들과 함께 홍수를 피하여 방주에 들어갔고 8 정결한 짐승과
부정한 짐승과 새와 땅에 기는 모든 것은 9 하나님이 노아에게 명하신 대로 암수 둘씩
노아에게 나아와 방주로 들어갔으며 10 칠 일 후에 홍수가 땅에 덮이니

말씀 돋보기(관찰)

1 아담의 10대 후손 노아의 족보를 소개하며 노아를 세 부분으로 나누어 이야기한다. 그는 어떤 사람인가?(창 6:9)

....

....

....

Tip

노아는 당대의 의로운 사람이었다. '의'는 그가 정의롭기 때문에 의롭다고 판결받기에 법적인 문제나 결함이 없다는 의미이다. 둘째, 노아는 흠이 없는 사람이었다(새번역). '흠이 없다'는 사람이 생각과 행실에 있어서 온전하고 건강하다는 뜻이다. 셋째, 노아는 하나님과 동행하는 사람이었다. '하나님과 동행하다'는 에녹의 삶에 나온 표현으로 에녹이 죽음을 맛보지 않고 하늘나라로 간 것처럼 노아도 그 가능성을 가진 사람을 의미한다.

2 고페르 나무로 만든 3층 규모의 방주의 크기와 구조를 살펴보라(창 6:14-16).

....

....

Tip 고페르 나무는 성경의 여기에 단 한 번밖에 나오지 않으며, 어떤 나무인지 아무도 모른다. 개역성경과 새번역은 '잣나무'라고 번역했는데, 오늘날 대부분의 영어와 한국어 번역본은 이 히브리어 단어를 소리나는 대로 음역해서 '고페르 나무'라고 표기한다.

〈방주의 크기와 구조〉

방주의 크기	길이 135m X 폭 22m X 높이 13m (농구장 20개를 10개씩 2열) = 모세의 장막 안뜰의 정확히 3배
방주의 구조	3층, 지붕에 붙어 있는 창, 옆으로 난 문
방주의 재질	알 수 없는 '고페르' 나무 + 역청 (방수제)
방주의 특성	항해에 필요한 키나 돛에 대한 언급 없음→안에서 조정 못함 →운명이 전적으로 하나님의 손에 달려 있다는 점 강조
적재량	총적재량 4만 3,000톤 현재 생존하는 생물체(포유류, 조류, 파충류) 1만 7,600여 종의 암수 한 쌍씩, 즉 3만 5,200마리의 동물을 실어도 방주의 약 1/3만 차지

3 방주에 탑승할 수 있는 사람은 누구인가? 또한 무엇을 실어야 하는가?(창 6:18, 19)

....

....

Tip 방주 안에는 노아와 세 아들, 그리고 그 아내들을 합해 총 8명이 타게 된다. 또한 온갖 짐승들도 각각 한 쌍씩 태우게 된다. 또한 그들이 먹고 살아야 할 식량을 실었다.

4 하나님이 부정한 짐승은 한 쌍만 태우도록 하셨는데 비해, 정결한 짐승은 일곱 쌍으로 하신 이유는 무엇인가?(창 7:2)

....

Tip 노아가 방주에서 내리자마자 제일 먼저 하나님께 제사를 드린 것(창 8:20)을 생각하면 왜 정결한 짐승이 일곱 쌍 필요했는지 알 수 있다. 그것은 제물로 바치기 위해서이며, 동시에 곡식과 채소를 수확할 때까지 사람이 먹고살 수 있도록 배려하신 하나님의 은총이다.

5 모세의 율법이 주어지기 이전 시대를 살고 있는 노아가 정결한 짐승과 부정한 짐승을 어떻게 구별할 수 있는가?(창 7:2)

....

Tip 율법은 하나님이 말씀하신 것을 기준으로 하지만 창조주께서 모든 인류에게 주신 가치관을 정리하신 것으로, 상당 부분 이미 존재하던 것을 체계화한 것이다. 그러므로 창세기에는 이스라엘 선조들이 율법을 준수하며 살았던 모습을 발견할 수 있다. "아브라함이 내 말을 순종하고 내 명령과 내 계명과 내 율례와 내 법도를 지켰음이라"(창 26:5)라는 말씀을 예로 들 수 있다.

삶의 내비게이션(적용)

1 방주는 홍수 심판 중 세상에 떠 있는 유일한 생명 공동체이다. 방주의 위쪽에는 창이 하나 있는데 이 창은 세상과 소통할 수 있는 하나뿐인 통로이다. 홍수 심판 기간, 방주 안에는 사람과 다양한 짐승이 함께 살아가므로 분뇨, 냄새, 무질서 등 여러 가지 어려움이 존재했을 것이다. 당신이 속해 있는 공동체에서 경험했던 냄새나는 일은 어떤 것이 있는가? 그 일을 어떻게 해결했는가?

관찰문제 2번 참고.

2 하나님은 심판을 결정하시면서 정결한 짐승뿐 아니라 부정한 짐승도 생명 보존을 위해 방주 안으로 들이신다. 우리 공동체 안에도 '저런 사람이 어떻게 우리 공동체의 일원이야?'라고 생각되는 사람이 있을 수 있다. 그들을 향한 당신의 시각은 어떠한가? 어떤 변화가 필요한가?

관찰문제 3번 참고.

3 노아가 살던 시대는 완벽한 부패로 말미암아 하나님의 심판을 받았다. 그러나 노아는 의인이요 당대에 완전한 자며 하나님과 동행하므로 구원을 받았다. 오늘을 사는 당신은 노아 때보다 더 부패한 시절을 살고 있다. 노아의 구원의 바탕이 되는 세 가지 요소 중 당신에게 지금 필요한 것은 무엇인가?

관찰문제 1번 참고.

생활의 아로마(실천)

제11주 심판과 재창조

창세기 7:11–9:17

복습

1 물 심판의 현장에서 살아남은 생존자는 누구이며, 생존의 이유는 무엇인가?(창 6:9, 18)

창세기 7:11–9:17

7:11 노아가 육백 세 되던 해 둘째 달 곧 그 달 열이렛날이라 그 날에 큰 깊음의 샘들이
터지며 하늘의 창문들이 열려 12 사십 주야를 비가 땅에 쏟아졌더라 13 곧 그 날에 노
아와 그의 아들 셈, 함, 야벳과 노아의 아내와 세 며느리가 다 방주로 들어갔고 14 그
들과 모든 들짐승이 그 종류대로, 모든 가축이 그 종류대로, 땅에 기는 모든 것이 그
종류대로, 모든 새가 그 종류대로 15 무릇 생명의 기운이 있는 육체가 둘씩 노아에게
나아와 방주로 들어갔으니 16 들어간 것들은 모든 것의 암수라 하나님이 그에게 명하
신 대로 들어가매 여호와께서 그를 들여보내고 문을 닫으시니라 17 홍수가 땅에 사십
일 동안 계속된지라 물이 많아져 방주가 땅에서 떠올랐고 18 물이 더 많아져 땅에 넘
치매 방주가 물 위에 떠 다녔으며 19 물이 땅에 더욱 넘치매 천하의 높은 산이 다 잠겼

더니 [20] 물이 불어서 십오 규빗이나 오르니 산들이 잠긴지라 [21] 땅 위에 움직이는 생물
이 다 죽었으니 곧 새와 가축과 들짐승과 땅에 기는 모든 것과 모든 사람이라 [22] 육지
에 있어 그 코에 생명의 기운의 숨이 있는 것은 다 죽었더라 [23] 지면의 모든 생물을 쓸
어버리시니 곧 사람과 가축과 기는 것과 공중의 새까지라 이들은 땅에서 쓸어버림을
당하였으되 오직 노아와 그와 함께 방주에 있던 자들만 남았더라 [24] 물이 백오십 일을
땅에 넘쳤더라 [8:1] 하나님이 노아와 그와 함께 방주에 있는 모든 들짐승과 가축을 기억
하사 하나님이 바람을 땅 위에 불게 하시매 물이 줄어들었고 [2] 깊음의 샘과 하늘의 창
문이 닫히고 하늘에서 비가 그치매 [3] 물이 땅에서 물러가고 점점 물러가서 백오십 일
후에 줄어들고 [4] 일곱째 달 곧 그 달 열이렛날에 방주가 아라랏 산에 머물렀으며 [5] 물
이 점점 줄어들어 열째 달 곧 그 달 초하룻날에 산들의 봉우리가 보였더라 [6] 사십 일
을 지나서 노아가 그 방주에 낸 창문을 열고 [7] 까마귀를 내놓으매 까마귀가 물이 땅에
서 마르기까지 날아 왕래하였더라 [8] 그가 또 비둘기를 내놓아 지면에서 물이 줄어들
었는지를 알고자 하매 [9] 온 지면에 물이 있으므로 비둘기가 발 붙일 곳을 찾지 못하
고 방주로 돌아와 그에게로 오는지라 그가 손을 내밀어 방주 안 자기에게로 받아들이
고 [10] 또 칠 일을 기다려 다시 비둘기를 방주에서 내놓으매 [11] 저녁때에 비둘기가 그에
게로 돌아왔는데 그 입에 감람나무 새 잎사귀가 있는지라 이에 노아가 땅에 물이 줄
어든 줄을 알았으며 [12] 또 칠 일을 기다려 비둘기를 내놓으매 다시는 그에게로 돌아오
지 아니하였더라 [13] 육백일 년 첫째 달 곧 그 달 초하룻날에 땅 위에서 물이 걷힌지라
노아가 방주 뚜껑을 제치고 본즉 지면에서 물이 걷혔더니 [14] 둘째 달 스무이렛날에 땅
이 말랐더라 [15] 하나님이 노아에게 말씀하여 이르시되 [16] 너는 네 아내와 네 아들들과
네 며느리들과 함께 방주에서 나오고 [17] 너와 함께 한 모든 혈육 있는 생물 곧 새와 가
축과 땅에 기는 모든 것을 다 이끌어내라 이것들이 땅에서 생육하고 땅에서 번성하리
라 하시매 [18] 노아가 그 아들들과 그의 아내와 그 며느리들과 함께 나왔고 [19] 땅 위의
동물 곧 모든 짐승과 모든 기는 것과 모든 새도 그 종류대로 방주에서 나왔더라 [20] 노
아가 여호와께 제단을 쌓고 모든 정결한 짐승과 모든 정결한 새 중에서 제물을 취하여
번제로 제단에 드렸더니 [21] 여호와께서 그 향기를 받으시고 그 중심에 이르시되 내가
다시는 사람으로 말미암아 땅을 저주하지 아니하리니 이는 사람의 마음이 계획하는
바가 어려서부터 악함이라 내가 전에 행한 것 같이 모든 생물을 다시 멸하지 아니하리
니 [22] 땅이 있을 동안에는 심음과 거둠과 추위와 더위와 여름과 겨울과 낮과 밤이 쉬
지 아니하리라 [9:1] 하나님이 노아와 그 아들들에게 복을 주시며 그들에게 이르시되 생

육하고 번성하여 땅에 충만하라 2 땅의 모든 짐승과 공중의 모든 새와 땅에 기는 모든
것과 바다의 모든 물고기가 너희를 두려워하며 너희를 무서워하리니 이것들은 너희의
손에 붙였음이니라 3 모든 산 동물은 너희의 먹을 것이 될지라 채소 같이 내가 이것을
다 너희에게 주노라 4 그러나 고기를 그 생명 되는 피째 먹지 말 것이니라 5 내가 반드
시 너희의 피 곧 너희의 생명의 피를 찾으리니 짐승이면 그 짐승에게서, 사람이나 사
람의 형제면 그에게서 그의 생명을 찾으리라 6 다른 사람의 피를 흘리면 그 사람의 피
도 흘릴 것이니 이는 하나님이 자기 형상대로 사람을 지으셨음이니라 7 너희는 생육하
고 번성하며 땅에 가득하여 그 중에서 번성하라 하셨더라 8 하나님이 노아와 그와 함
께 한 아들들에게 말씀하여 이르시되 9 내가 내 언약을 너희와 너희 후손과 10 너희와
함께 한 모든 생물 곧 너희와 함께 한 새와 가축과 땅의 모든 생물에게 세우리니 방주
에서 나온 모든 것 곧 땅의 모든 짐승에게니라 11 내가 너희와 언약을 세우리니 다시
는 모든 생물을 홍수로 멸하지 아니할 것이라 땅을 멸할 홍수가 다시 있지 아니하리라
12 하나님이 이르시되 내가 나와 너희와 및 너희와 함께 하는 모든 생물 사이에 대대
로 영원히 세우는 언약의 증거는 이것이니라 13 내가 내 무지개를 구름 속에 두었나니
이것이 나와 세상 사이의 언약의 증거니라 14 내가 구름으로 땅을 덮을 때에 무지개가
구름 속에 나타나면 15 내가 나와 너희와 및 육체를 가진 모든 생물 사이의 내 언약을
기억하리니 다시는 물이 모든 육체를 멸하는 홍수가 되지 아니할지라 16 무지개가 구
름 사이에 있으리니 내가 보고 나 하나님과 모든 육체를 가진 땅의 모든 생물 사이의
영원한 언약을 기억하리라 17 하나님이 노아에게 또 이르시되 내가 나와 땅에 있는 모
든 생물 사이에 세운 언약의 증거가 이것이라 하셨더라

말씀 돋보기(관찰)

1 하나님이 명령하신 대로 노아와 짐승들이 방주로 들어간 후에 누가 방주의 문을 닫았는가?(창 7:16)

Tip 하나님이 직접 밖에서 문을 닫아 주심으로 방주에 타고 있는 생명체들의 보호자가 되셨다. 또 항해하는데 필요한 키나 돛에 대한 언급이 전혀 없어서 배의 운명은 전적으로 하나님께 있음을 강조한다. 이것은 노아와 짐승들의 생명이 하나님의 손에 달렸을 뿐만 아니라 하나님이 문을 다시 열어 주실 때까지 방주를 떠날 수 없음을 의미한다.

2 창세기 8:1에 드디어 하나님이 모습을 드러내신다. 하나님의 등장으로 계속되는 물 심판이 끝나며 반전이 시작된다. 하나님은 무엇을 하셨는가?(창 8:1)

....

....

Tip 하나님이 기억하시니 모든 것이 반전된다. 차오르던 물이 빠져 땅은 드러나고, 방주에 들어간 사람들과 짐승들이 모두 방주에서 나오게 된다. '기억하다'는 단순히 어떤 것을 떠올린다는 것이 아니라, 약속을 신실하게 지킨다는 의미의 언약적 용어이다. 구약에서는 하나님이 '기억하시면' 모든 일이 해결된다.

3 창세기 8장은 1장에 기록된 창조 이야기에서 사용되는 단어들이 다시 등장한다. 어떤 단어가 있는가? 5개 이상 찾아보라(창 8:1–19).

....

....

Tip 창세기 8:1–19은 1장에 기록된 창조 이야기에서 사용된 용어들을 다시 사용하여 하나님이 새로운 창조 사역을 진행하고 계심을 암시한다. 노아와 가족들은 새로운 '아담과 하와'가 되는 것이다. 유일하게 빠진 것은 창조 4일째에 있었던 해와 달과 별에 관한 이야기이다. 이 천체들은 홍수를 통해 없어지지 않았기 때문이다.

〈창조와 재창조〉

창조이야기		홍수이야기	
첫째날(1:2)	땅, 깊음, 영, 물	8:1b–2a	바람, 땅, 물, 깊음
둘째날(1:7–8)	물, 하늘	8:2b	하늘
셋째날(1:9)	물, 마른 땅, 드러나다	8:3–5	물, 산봉우리, 드러나다
다섯째날(1:20)	새, 땅 위, 날아다니다	8:7–8	까마귀, 땅 위, 날아다니다
여섯째날(1:24)	생물, 가축, 기어다니는 것, 들짐승	8:17	생물, 새, 가축, 기어다니는 것
여섯째날(1:26)	사람, 형상	9:6	형상, 사람

4 방주에서 나온 노아는 제단을 쌓고 번제를 드렸다. 제물을 받으신 하나님은 두 가지 약속을 하시는데, 그것은 무엇인가?(창 8:21)

....

....

....

Tip 하나님은 자연을 축복하며 두 가지 약속을 하셨다. 다시는 인간 때문에 땅을 저주하지 않을 것과 홍수로 모든 생물을 멸망시키는 일이 없을 것이라는 약속이다. 인간 때문에 다시는 땅을 저주하지 않을 것이라는 선언은 중요하다. 만일 하나님이 인간 때문에 계속 땅을 벌하셨다면, 아마도 세상은 사라졌을지도 모른다. 또한 홍수는 모든 사람과 짐승을 몰살시켰는데, 앞으로는 이런 일이 없을 것이라고 하신다. 지금부터는 공동체적, 사회적 차원에서 인간의 죄를 벌하시는 것이 아니라 개별적으로 죄 문제를 다루실 것을 시사하는 대목이다.

5 하나님이 노아에게 내리신 축복 '생육하고 번성하라'는 아담과 하와에게 내리신 것과 동일하다. 그러나 노아 홍수 후 새로운 세상에 새로운 질서 두 가지를 더하시는데, 그것은 무엇인가?(창 9:2–3)

Tip

첫째, 모든 자연 만물이 인간을 두려워할 것이다. 홍수로 새롭게 시작되는 세상은 처음 세상과 많이 다르다. 아담과 하와의 죄가 오염시켜 놓은 세상이며 사람의 생존을 위협하는 세상이다. 그러므로 하나님이 짐승들에게 두려움을 더하여 인간을 보호하고자 하신 것이다. 둘째, 짐승들을 인간의 먹거리로 주셨다. 정결한 짐승과 부정한 짐승 구분 없이 모두 먹을 수 있다는 의미이다. 인간이 합법적으로 고기를 먹을 수 있도록 하나님이 배려하신 것이다. 만일 이러한 배려가 없었다면 아직 곡식과 과일이 자라지 않았기 때문에 노아와 가족들의 생계가 당장 위협을 받을 수밖에 없고, 오늘날 육식을 즐기는 사람들은 고기 먹는 일이 양심의 문제가 되었을 것이다.

삶의 내비게이션(적용)

1 키나 돛이 없는 방주를 하나님이 문을 직접 닫아주시고, 홍수가 끝난 후에는 다시 열어주신다. 방주 안에 있는 노아는 전적으로 하나님만을 믿고 의지해야 한다. 당신의 삶에도 스스로 문을 닫을 수도 없고 열 수도 없는 일을 경험한 적이 있는가? 그때 당신이 할 수 있었던 최선의 일은 무엇이었는가?

관찰문제 1번 참고.

2 하나님이 노아와 방주에 있는 모든 짐승을 기억하시니 비가 그치고, 땅이 모습을 드러낸다. 히스기야왕의 경우(왕하 20:3)처럼 하나님이 기억하시면 모든 일이 해결된다. 당신의 삶에서 하나님이 기억해 주시기를 원하는 것은 무엇인가?

관찰문제 2번 참고.

3 무지개는 하나님과 세상과의 언약을 상기시키는 증표이다. 무지개를 볼 때마다 하나님이 노아와 맺으신 언약을 기억할 수 있고, 아무리 큰 비가 내려도 그 비가 절대로 인류 종말을 가져오지 않을 것을 확신하기에 두려워하지 않는다. 무지개를 통해 신실하신 하나님을 경험하게 되었다면, 당신의 생활 속에서 신실함을 나타낼 수 있는 영역은 어느 영역인가? 또한 닮고 싶은 하나님의 성품은 무엇인가?

생활의 아로마(실천)

제12주 더불어 사는 세상

창세기 9:18-11:26

복습

1 노아처럼 하나님의 심판을 피할 수 있는 방법은 무엇인가?(창 7:16)

2 재창조의 이미지로 사용되는 단어 중에 기억나는 것은 무엇인가?(창 8:1-19)

창세기 9:18-11:26

9:18 방주에서 나온 노아의 아들들은 셈과 함과 야벳이며 함은 가나안의 아버지라 19
노아의 이 세 아들로부터 사람들이 온 땅에 퍼지니라 20 노아가 농사를 시작하여 포도
나무를 심었더니 21 포도주를 마시고 취하여 그 장막 안에서 벌거벗은지라 22 가나안
의 아버지 함이 그의 아버지의 하체를 보고 밖으로 나가서 그의 두 형제에게 알리매
23 셈과 야벳이 옷을 가져다가 자기들의 어깨에 메고 뒷걸음쳐 들어가서 그들의 아버
지의 하체를 덮었으며 그들이 얼굴을 돌이키고 그들의 아버지의 하체를 보지 아니하
였더라 24 노아가 술이 깨어 그의 작은 아들이 자기에게 행한 일을 알고 25 이에 이르

되 가나안은 저주를 받아 그의 형제의 종들의 종이 되기를 원하노라 하고 [26] 또 이르
되 셈의 하나님 여호와를 찬송하리로다 가나안은 셈의 종이 되고 [27] 하나님이 야벳을
창대하게 하사 셈의 장막에 거하게 하시고 가나안은 그의 종이 되게 하시기를 원하노
라 하였더라 [28] 홍수 후에 노아가 삼백오십 년을 살았고 [29] 그의 나이가 구백오십 세
가 되어 죽었더라 [10:1] 노아의 아들 셈과 함과 야벳의 족보는 이러하니라 홍수 후에 그
들이 아들들을 낳았으니 [2] 야벳의 아들은 고멜과 마곡과 마대와 야완과 두발과 메섹
과 디라스요 [3] 고멜의 아들은 아스그나스와 리밧과 도갈마요 [4] 야완의 아들은 엘리사
와 달시스와 깃딤과 도다님이라 [5] 이들로부터 여러 나라 백성으로 나뉘어서 각기 언
어와 종족과 나라대로 바닷가의 땅에 머물렀더라 [6] 함의 아들은 구스와 미스라임과
붓과 가나안이요 [7] 구스의 아들은 스바와 하윌라와 삽다와 라아마와 삽드가요 라아마
의 아들은 스바와 드단이며 [8] 구스가 또 니므롯을 낳았으니 그는 세상에 첫 용사라 [9]
그가 여호와 앞에서 용감한 사냥꾼이 되었으므로 속담에 이르기를 아무는 여호와 앞
에 니므롯 같이 용감한 사냥꾼이로다 하더라 [10] 그의 나라는 시날 땅의 바벨과 에렉과
악갓과 갈레에서 시작되었으며 [11] 그가 그 땅에서 앗수르로 나아가 니느웨와 르호보
딜과 갈라와 [12] 및 니느웨와 갈라 사이의 레센을 건설하였으니 이는 큰 성읍이라 [13] 미
스라임은 루딤과 아나밈과 르하빔과 납두힘과 [14] 바드루심과 가슬루힘과 갑도림을 낳
았더라 (가슬루힘에게서 블레셋이 나왔더라) [15] 가나안은 장자 시돈과 헷을 낳고 [16] 또
여부스 족속과 아모리 족속과 기르가스 족속과 [17] 히위 족속과 알가 족속과 신 족속
과 [18] 아르왓 족속과 스말 족속과 하맛 족속을 낳았더니 이 후로 가나안 자손의 족속
이 흩어져 나아갔더라 [19] 가나안의 경계는 시돈에서부터 그랄을 지나 가사까지와 소
돔과 고모라와 아드마와 스보임을 지나 라사까지였더라 [20] 이들은 함의 자손이라 각
기 족속과 언어와 지방과 나라대로였더라 [21] 셈은 에벨 온 자손의 조상이요 야벳의 형
이라 그에게도 자녀가 출생하였으니 [22] 셈의 아들은 엘람과 앗수르와 아르박삿과 룻
과 아람이요 [23] 아람의 아들은 우스와 훌과 게델과 마스며 [24] 아르박삿은 셀라를 낳고
셀라는 에벨을 낳았으며 [25] 에벨은 두 아들을 낳고 하나의 이름을 벨렉이라 하였으니
그 때에 세상이 나뉘었음이요 벨렉의 아우의 이름은 욕단이며 [26] 욕단은 알모닷과 셀
렙과 하살마웻과 예라와 [27] 하도람과 우살과 디글라와 [28] 오발과 아비마엘과 스바와
[29] 오빌과 하윌라와 요밥을 낳았으니 이들은 다 욕단의 아들이며 [30] 그들이 거주하는
곳은 메사에서부터 스발로 가는 길의 동쪽 산이었더라 [31] 이들은 셈의 자손이니 그 족
속과 언어와 지방과 나라대로였더라 [32] 이들은 그 백성들의 족보에 따르면 노아 자손

의 족속들이요 홍수 후에 이들에게서 그 땅의 백성들이 나뉘었더라 11:1 온 땅의 언어
가 하나요 말이 하나였더라 2 이에 그들이 동방으로 옮기다가 시날 평지를 만나 거기
거류하며 3 서로 말하되 자, 벽돌을 만들어 견고히 굽자 하고 이에 벽돌로 돌을 대신하
며 역청으로 진흙을 대신하고 4 또 말하되 자, 성읍과 탑을 건설하여 그 탑 꼭대기를 하
늘에 닿게 하여 우리 이름을 내고 온 지면에 흩어짐을 면하자 하였더니 5 여호와께서
사람들이 건설하는 그 성읍과 탑을 보려고 내려오셨더라 6 여호와께서 이르시되 이 무
리가 한 족속이요 언어도 하나이므로 이같이 시작하였으니 이 후로는 그 하고자 하는 일
을 막을 수 없으리로다 7 자, 우리가 내려가서 거기서 그들의 언어를 혼잡하게 하여 그들
이 서로 알아듣지 못하게 하자 하시고 8 여호와께서 거기서 그들을 온 지면에 흩으셨으
므로 그들이 그 도시를 건설하기를 그쳤더라 9 그러므로 그 이름을 바벨이라 하니 이
는 여호와께서 거기서 온 땅의 언어를 혼잡하게 하셨음이니라 여호와께서 거기서 그
들을 온 지면에 흩으셨더라 10 셈의 족보는 이러하니라 셈은 백 세 곧 홍수 후 이 년에
아르박삿을 낳았고 11 아르박삿을 낳은 후에 오백 년을 지내며 자녀를 낳았으며 12 아
르박삿은 삼십오 세에 셀라를 낳았고 13 셀라를 낳은 후에 사백삼 년을 지내며 자녀를
낳았으며 14 셀라는 삼십 세에 에벨을 낳았고 15 에벨을 낳은 후에 사백삼 년을 지내며
자녀를 낳았으며 16 에벨은 삼십사 세에 벨렉을 낳았고 17 벨렉을 낳은 후에 사백삼십
년을 지내며 자녀를 낳았으며 18 벨렉은 삼십 세에 르우를 낳았고 19 르우를 낳은 후에
이백구 년을 지내며 자녀를 낳았으며 20 르우는 삼십이 세에 스룩을 낳았고 21 스룩을
낳은 후에 이백칠 년을 지내며 자녀를 낳았으며 22 스룩은 삼십 세에 나홀을 낳았고 23
나홀을 낳은 후에 이백 년을 지내며 자녀를 낳았으며 24 나홀은 이십구 세에 데라를
낳았고 25 데라를 낳은 후에 백십구 년을 지내며 자녀를 낳았으며 26 데라는 칠십 세에
아브람과 나홀과 하란을 낳았더라

말씀 돋보기(관찰)

1 에녹처럼 하나님과 동행한 노아는 에녹과 같이 죽음을 맛보지 않을 것이라는 기대를 갖게 한다. 그러나 노아는 죽음을 맞이하는데, 그가 어떤 죄를 얼마나 많이 지었는지 알 수 없다. 우리에게 주어진 정보

는 무엇인가?(창 9:21)

Tip 그는 술에 취해 있으며, 벌거벗고 있다. 저자는 술 취함을 직접적인 죄라고 정의하지 않는다. 그러나 노아가 술에 취해 '벌거벗은 것'은 창세기 3장에 묘사된 죄인들의 모습과 비슷하다. 성경은 술 취하는 것을 죄라고 하지는 않지만 낭패를 본 인물들을 통해 간접적으로 언급하고 있는 것이다. 예를 들면 야곱은 결혼식 날 술을 마시고 신부가 누구인지 모르고 함께 잠을 잤다가 낭패를 본다.

2 술에 취해 벌거벗은 아버지 노아를 보고 세 아들은 어떻게 대처했는가?(창 9:22, 23)

Tip 함은 노아가 벌거벗은 모습을 보고 아무 대책도 세우지 않았다. 그러나 셈과 야벳은 뒷걸음질하여 들어가 아버지의 부끄러움을 가렸다. 함이 아버지의 벌거벗은 모습을 보는 것을 성폭행이나 관음증 환자로 해석하여 저주받았다고 하는 경우도 있다. 그러나 이야기의 핵심은 셈과 야벳은 아버지를 존경하여 부끄러움을 덮어주었으나, 함은 존경심 없어 경솔하게 행동했다는 데 있다. 또한 셈, 함, 야벳의 자손을 오늘날 세상에 존재하는 특정한 피부색을 지닌 인종과 연결하여 해석하는 사람들이 있는데 전혀 근거없는 무모한 주장이다. 이 부분은 가나안 중심의 세계관으로 보아야 한다. 그러므로 단, 욕단이 우리 민족의 조상이라는 주장은 터무니 없는 주장이다.

3 창세기는 11장까지 진행되는 동안 계속해서 계보들이 등장한다. 그 이유는 무엇인가?(창 10:1, 32; 11:10, 27)

Tip

저자는 10-11장에서 계보, 족보를 4차례나 사용한다(10:1, 32; 11:10, 27). 이 족보들을 통해 강조하는 몇 가지가 있다. 첫째, 저자는 끊임없이 계보, 족보를 거론함으로써 뿌리의 중요성을 역설한다. 아담 이후의 족보를 구체적이고 세부적으로 정리해서 정체성을 지킬 뿐만 아니라 이웃 나라들과의 관계도 적절하게 유지하도록 권고한다. 둘째, 계보가 모든 인류의 아버지인 아담에서 이스라엘의 아버지인 아브라함에게로 어떻게 이어지는가를 설명한다. 셋째, 계보를 통해 계속되는 하나님의 선택을 강조한다. 이 선택이 인간의 행위나 성품에 근거한 것이 아닌 하나님의 주권적 택하심이며 전적인 하나님의 은혜임을 볼 수 있다.

4 바벨탑을 쌓아 꼭대기를 하늘에 닿게 하여 사람들이 얻고자 했던 두 가지는 무엇인가?(창 11:4)

Tip

첫째, 자신들의 이름을 남기는 것이다. 이름은 '명예'를 뜻한다. 그러나 명예는 하나님이 주셔야 한다. 둘째, 흩어짐을 면하는 것이다. 하나님은 인간을 창조하고 흩어지라고 명령하셨다. 그런데 그들은 흩어지는 것을 두려워하여 높은 탑을 세우고 있다. 인류는 탑 꼭대기가 하나님의 거처인 하늘에 닿게 했고, '흩어지라'는 명령을 어기면서까지 바벨탑을 쌓았다. 이로써 하나님의 고유 영역을 침해하는 반역죄를 저지른 것이다. 이것은 단순한 불순종이었던 에덴의 죄보다 훨씬 더 심각한 죄이다.

5 창세기 10:5, 20, 31에서는 "여러 나라 백성으로 나뉘어서 각기 언어와 종족과 나라대로"라고 말하여 이미 세상의 언어가 나뉘어 있음을 암시하는데, 11:1은 "온 땅에 언어가 하나요 말이 하나였더라"라고 한다. 그러면 바벨탑 사건으로 온 땅의 언어를 혼잡하게 하신 것은 무엇을 의미하는가?(창 11:1, 7, 9)

Tip 바벨탑 사건이 있기 전에 이미 세상의 언어는 나뉘어 있었다(창 10:5, 20, 31). 그러므로 바벨탑 사건으로 빚어진 언어의 혼선은 통용어의 혼선을 의미한다. 각 종족은 사는 지역에 따라 자기 종족의 고유 언어와 통용어를 구사하고 있었다. 그런데 바벨탑 사건으로 통용어의 혼선이 온 것이다.

삶의 내비게이션(적용)

1 함은 아버지의 과오를 보고 두 형제에게 떠들어댔다. 그러나 셈과 야벳은 부끄러움을 가려준다. 그 결과 함은 저주를 받고, 셈과 야벳은 축복을 받는다. 당신은 과거에 타인의 과오나 잘못을 보고 어떻게 대처했는가?

관찰문제 2번 참고.

2 하나님과 동행했던(창 6:9) 노아의 모습 속에서 에녹이 죽지 않은 것처럼 노아도 죽지 않을 것을 기대했는데 950세에 죽는다. 특별한 죄에 대한 언급 없이 그저 그가 술에 취하였다고 기록하고 있어, 죽게 된 이유가 술 취함에 있음을 간접적으로 알 수 있다. 술에 대한 당신의 생각은 어떠한가?

관찰문제 1번, 2번 참고.

3 바벨탑을 건설한 사람들의 죄마저도 인류를 향한 하나님의 축복과 구원하려는 계획을 멈출 수는 없었다. 오늘도 인류를 향한 하나님의 축복과 구원의 계획은 계속되고 있다. 당신은 어떤 모습으로 하나님의 축복의 통로가 되고 있는가?

관찰문제 4번, 5번 참고.

생활의 아로마(실천)

비밀 유지 서약서

나는 이 그룹에서 나눈 것들을 다른 곳에 누설하지 않기로 약속합니다. 또한 다른 그룹원들이 숨기고자 하는 내용을 나누도록 압력을 가하지 않기를 약속합니다. 하나님과 그룹원들에게 나의 약속을 성실히 이행할 것을 서약합니다.

서명____

날짜____

창세기(Ⅰ) 말씀 공부를 통한 삶의 변화 일지

주	나의 말씀 적용(생활의 아로마)	실천 과정과 결과
1주		
2주		
3주		
4주		
5주		
6주		

주	나의 말씀 적용(생활의 아로마)	실천 과정과 결과
7주		
8주		
9주		
10주		
11주		
12주		

송병현 〈엑스포지멘터리 시리즈〉의 저자. 캐나다 틴대일대학교(B. Th.)와 미국 시카고 트리니티 복음주의신학교를 졸업하고(M. Div.) 동 대학원에서 박사학위(Ph. D.)를 받았다. 1997년부터 백석대학교 구약학 교수로 봉직 중이며 2009년부터는 선교지의 지도자 교육을 위해 강사진을 파송하는 STAR 선교회를 이끌고 있다. 목회자와 신학생뿐 아니라 하나님의 말씀에 진지하게 귀 기울이기 원하는 이 땅의 그리스도인들을 섬기기 위해 활발한 성경 강해와 해석 사역을 펼치고 있다.

송(임)우민 캐나다 틴대일대학교(B. Th.)와 미국 시키고 트리니티 복음주의신학교를 졸업(M. Div.), LA에 있는 탈봇신학교에서 기독교교육학으로 박사학위(Ph. D.)를 받았다. 20여 년간 북미와 한국에서 영어 주일학교 전도사로 교회학교 현장에서 사역했으며, CMIS 캐나다국제학교 이사, Korea Montessori College 교수, 몬테소리 교사 및 컨설턴트 등 다양한 교육학적 경력을 바탕으로 학부모 세미나, 부부 세미나, 교사 세미나와 주요 강사로서 가정과 교회학교를 말씀으로 세우기를 갈망하는 부모와 교사들을 섬기고 있다. 현재 백석예술대학교 사회복지학부 전임교수로 봉직 중이며, 남편 송병현 교수와 함께 STAR 선교회 이사로 섬기고 있다.

엑스포지멘터리 성경공부 시리즈 창세기(Ⅰ)

초판 1쇄 발행 2012년 8월 30일
개정판 3쇄 발행 2022년 2월 20일

지은이 송병현, 임우민
구성 신윤영

펴낸곳 도서출판 이엠
등록번호 제25100-2015-000063
주소 서울시 강서구 공항대로 220 610호
전화 070-8832-4671
E-mail empublisher@gmail.com

내용 및 세미나 문의 스타선교회: 02-520-0877 / EMail: starofkorea@gmail.com / www.star123.kr
Copyright © 송병현, 임우민, 2022, *Print in Korea.*
ISBN 979-11-86880-13-5 93230

※ 본서에서 사용한『성경전서 개역개정판』의 저작권은 재단법인 대한성서공회 소유이며
재단법인 대한성서공회의 허락을 받고 사용하였습니다.
※ 이 책의 전부 또는 일부 내용을 재사용하려면 사전에 저작권자와 도서출판 이엠의 동의를 받아야 합니다.
※ 가격은 표지 뒷면에 있습니다.

「이 도서의 국립중앙도서관 출판시도서목록(CIP)은 서지정보유통지원시스템 홈페이지(http://seoji.nl.go.kr)와 국가자료공동목록시스템(http://www.nl.go.kr/kolisnet)에서 이용하실 수 있습니다. (CIP제어번호:CIP2015000753)」